WOLLT IHR DAS TOTALE GRÜN?

HANDREICHUNG ZUR BUNDESTAGSWAHL 2021

Egon W. Kreutzer

WOLLT IHR DAS TOTALE GRÜN?

HANDREICHUNG ZUR BUNDESTAGSWAHL 2021

Bibliografische Information der Deutschen Nationalbibliothek: Die Deutsche Nationalbibliothek verzeichnet diese Publikation in der Deutschen Nationalbibliografie. Detaillierte bibliografische Daten sind im Internet unter dnb.dnb.de abrufbar.

©2021 Egon W. Kreutzer
Herstellung und Verlag:
BoD – Books on Demand, Norderstedt

ISBN 9783752622935

Inhalt

Wir machen den Staat effektiver und bürgernäher,
durch

Vorwort

Am 26. September 2021 soll in Deutschland ein neuer Bundestag gewählt werden. Die Chance, dass dies wegen Corona nicht in gewohnter Weise gelingen wird, ist relativ hoch einzuschätzen.

Wenn Wahllokale erst gar nicht öffnen, oder geöffnete nur von Geimpften besucht werden dürfen, wird auch in Deutschland die Briefwahl zum bestimmenden Element der Wahl werden, vermutlich in noch höherem Maße als dies in Baden-Württemberg und Rheinland-Pfalz bei den Landtagswahlen im März schon festzustellen war.

Schon ein halbes Jahr vor dem Urnengang kann eine relativ sichere Prognose abgegeben werden: Wenn sich nicht Grundlegendes in der Stimmung der wahlberechtigten Deutschen ändert, werden die Grünen mit einem hohen Anteil von Sitzen im Bundestag eine von zwei oder drei Regierungsparteien sein und womöglich sogar den Kanzler stellen.

Die Verdienste, welche sich die Grünen in der zweiten Hälfte des letzten Jahrhunderts um die Ökologie erworben haben, sollen hier nicht geschmälert werden. Es ist ihnen gelungen, ihre Themen und frischen Ideen bei einer bestimmten Wählerschar so stark zu verankern, dass SPD und Union gar nicht anders konnten, als aus diesen Ideen Konzepte zu entwickeln, die Konzepte in realisierbare und finanzierbare Pläne zu gießen und die Pläne dann in wirksame Maßnahmen umzusetzen.

Rauchgasentschwefelung, bleifreies Benzin, eine Vielzahl neuer Kläranlagen waren die ersten erkennbaren Folgen grünen Engagements, lange bevor sie selbst in Regimentsstärke in die Parlamente und Gemeinderäte eingezogen sind.

Robert Townsend, ein erfolgreicher US-Manager, hat in seinem Buch „Up the Organization" (1970 auf Deutsch unter dem Titel „Hoch lebe die Organisation" erschienen), eine Warnung an seine Managerkollegen ausgesprochen, die heute dringend an die Führung der Grünen adressiert werden muss:

„Manager neigen dazu, ihre größten Fehler auf den Gebieten zu machen, in denen sie sich bisher am besten bewährt haben. Im Geschäftsleben ist – wie auf allen Gebieten – die Hybris die unverzeihliche Todsünde, vorwitzig zu handeln, wenn alles in Butter ist."

Setzt man statt „Manager" den Begriff „Parteien" und interpretiert „bewährt haben" als „etwas erreicht haben, wie auch immer", dann wird das vorwitzige Wesen der heutigen Grünen nicht nur in ihren beiden Führungsfiguren sichtbar, sondern auch darin, dass, nachdem die großen und wichtigen Aufgaben des ökologischen Wandels erledigt sind, ihre Suche nach immer neuen „Problemen", mit denen sie die Altparteien in Zugzwang bringen könnten, zu ideologischen Höhenflügen geführt haben, die dem Drang des Ikarus nicht unähnlich sind.

Das Problem unserer deutschen Gesellschaft besteht nun darin, dass die Grünen, wie während ihrer ganzen Geschichte, zwar ganz toll mit den Flügeln schlagen, den Auftrag, tatsächlich Richtung Sonne zu starten, aber schlicht an die gesamte Gesellschaft delegieren, in der naiven Überzeugung, wenn sie nur genügend Druck machen, werden die anderen, und diese anderen, das sind letztlich wir alle, es schon hinbekommen.

Das totale Grün, dass unserer Republik droht, wird dahinführen, dass wir für voraussichtlich mindestens vier volle Jahre auszubaden haben, was sie uns einbrocken werden.

Die Brocken zum Einbrocken liegen schon bereit. Sie sind im Wahlprogramm der Grünen nachzulesen.

**Gott schütze uns vor Sturm und Brand
und vor dem grünen Sachverstand!**

Im März 2021
Egon W. Kreutzer

Die Tölpel

1 - Deutschland. Alles ist drin.

So heißt der Programmentwurf der Grünen für die bevorstehende Bundestagswahl. Endgültig von der Basis beschlossen werden soll das Programm allerdings erst im Juni. Das verkürzt die Zeit, sich damit zu beschäftigen, und der dann bevorstehende Sommerurlaub wird das Interesse, sich mit 136 Seiten engbeschriebener grüner Zukunftsvorstellungen zu befassen, bevor das Kreuz gemacht wird und es zu spät ist, ziemlich gering ausfallen lassen.

Weil andererseits die Grüne Basis eher dazu neigt, programmatische Ansätze zu verschärfen, statt sie auf ein realistisches Maß einzuschrumpfen, wird die kritische Befassung mit dem vorliegenden Entwurf wohl kaum dazu führen, ungerechtfertigte Einwände vorzutragen. Sollte das dennoch geschehen, bitte ich schon jetzt um Entschuldigung.

Schon in der Einleitung, die im Programmentwurf als *„Eine Einladung"* überschrieben ist, erklären die Verfasser, sie wüssten, wie es geht. Das kann man erleichtert zur Kenntnis nehmen und sich dabei denken: „Gut, dass wenigstens die Grünen wissen, wie es geht!".

Man kann es aber ebenso als Drohung auffassen und sich schon mal vorsorglich umsehen, welche Möglichkeiten sich eventuell doch noch auftun, in Deckung zu gehen, um ungeschoren davon zu kommen.

Wovon sie alles wissen, wie es geht?

Hier die Stichworte aus dem Programmentwurf:

- **Wie man** eine Industriegesellschaft ins Zeitalter der Klimaneutralität **führt,**

- **wie man** den Kohleausstieg beschleunigt und Versorgungssicherheit **gewährleistet,**

- **wie viel mehr** Strom aus Wind und Sonne gewonnen werden **kann,**

- **wie man** eine sozial-ökologische Marktwirtschaft **entwickelt,**

- **wie man** zukunftsfähige Jobs, sozialen Schutz und fairen Wettbewerb **zusammenbringt,**

- **wie man** der Globalisierung klare **Regeln setzt,**

- **wie man** Tech-Konzerne angemessen **besteuert,**

- **wie man** in eine starke Infrastruktur **investieren kann,**

- **wie man** in eine moderne Infrastruktur **investieren kann,**

- **wie man** in gute Schule und öffentliche Räume **investieren kann,**

- **wie man** in einen gut funktionierenden Staat **investieren kann,**

- **wie man** Ungleichheit **verringert,**

- **wie man** Kinder ins Zentrum **rückt,**

- **wie man** volle Gleichberechtigung zwischen den Geschlechtern **erreichen kann,**

- **wie man** eine vielfältige Einwanderungsgesellschaft **gestalten kann.**

Was die Grünen von alledem tatsächlich wissen, wird sich an den detaillierten Ausführungen im Hauptteil des Entwurfs ermessen lassen.

Die Aufzählung in der einleitenden „Einladung" liest sich jedenfalls ungefähr zur Hälfte so, als wollten die Grünen antreten, alle unvereinbaren Gegensätze dieser Welt, Feuer und Eis, zusammenzubringen, ohne dass das Eis schmilzt und das Feuer erlischt.

Die zweite Hälfte der Aufzählung handelt vom Investieren, und es lässt sich schon nach dem Lesen der Einleitung prognostizieren, dass sich ihr Wissen darum, wie man investieren kann, wohl darauf beschränkt, dass man viel Geld in die Hand nehmen, Schulden machen und Steuern erhöhen muss.

Und wenn dann anschließend in der wortgewaltigen Prosa der Begriff von „klimagerechten Wohlstand" auftaucht, dann erinnert mich der doch sehr an jene Vorstellung von einer „marktgerechten Demokratie", wie sie von Angela Merkel in der Absicht

„die parlamentarische Mitbestimmung so zu gestalten, dass sie trotzdem auch marktkonform ist",

erstmals am 1. September 2011 im Zusammenhang mit der Gestaltung des EFSF (European Financial Stability Facility) in die Debatte geworfen wurde.

Lewis Caroll, Alice im Wunderland, Kapitel II

2 - Annalena im Wunderland

Die Erzählung der Grünen von einem Land, das sie bis 2030 bis ins letzte Detail umgestaltet haben wollen, erinnert ebenso an Lewis Carrolls Absurditäten- und Paradoxien-Show im Kaninchenbau, wie an Salvadore Dalis dahinschmelzende Uhren und brennende Giraffen.

Eine Hauptrolle spielt im Programmentwurf der Grünen ein kleines Mädchen. Es trägt Zöpfe, eine gestrickte Mütze und ein Pappschild. Dieses Mädchen wird im ganzen Buch der grünen Autorenschar kein einziges Mal namentlich erwähnt, doch ihr Geist schwebt wie das Schwert des Damokles über den Grünen und treibt sie in Unruhe und Panik zu immer neuen Aktivitäten an.

Bloß weg aus dem Land, in dem ihre Vorfahren gut und gerne lebten, hinein in eine Wüstenei des Verzichts und der Verbote, immer der Fata Morgana einer Oase nacheilend, in der statt der Palmen zwanzigmal größere Windräder aus dem Sand emporwachsen.

Im Kapitel „Annalena im Wunderland" geht es einzig um die unauflösbaren Widersprüche im Programm der Grünen. Widersprüche an denen sie schlussendlich nur scheitern können. Die Frage ist nur:

Wie weit wollen wir sie auf diesem Wege gehen lassen? Wie viel unserer Zivilisation, unserer Kultur und unseres Lebensstandards wollen wir für die Wahnbilder schillernder Seifenblasen zerstören lassen, bevor wir uns dem Treiben entschlossen entgegenstellen?

Aus dramaturgischen Gründen beginnt die Darstellung der Widersprüche mit den kleinen, überschaubaren Übeln, von denen kaum jemand weiß, dass sie Teil der grünen Agenda sind.

Zur besseren Orientierung sind die einzelnen Punkte der Agenda, die hier behandelt werden, mit ihrer jeweiligen Gefahrenklasse gekennzeichnet.

- **Gefahrenklasse 1**
  umfasst Vorhaben, die auf einzelne Wirtschaftssektoren begrenzt bleiben und deren Schadwirkungen innerhalb der Volkswirtschaft ggfs. noch kompensiert werden könnten, würde es sich stets nur um eine Einzelmaßnahme handeln.

- **Gefahrenklasse 2** kennzeichnet Vorhaben, die als „Querschnitts-Aktivitäten" praktisch alle Branchen und/oder alle Bereiche des Zusammenlebens tangieren und zu einer spürbaren Schädigung der Volkswirtschaft führen.

- **Gefahrenklasse 3** gilt für alle Vorhaben, deren Auswirkungen als dramatisch und verheerend eingeschätzt werden, ohne dass Rückfallmöglichkeiten überhaupt in Betracht gezogen werden.

Stabilere und nachhaltigere Finanzmärkte
(Gefahrenklasse 1)

Was ist ein Finanzmarkt? Es scheint, als hätten sich die Grünen diese Frage nie gestellt, sich auch die existierenden Finanzmärkte nie wirklich näher angesehen, sondern sich, bei der bangen Frage: „Wie sollen wir das bloß alles bezahlen?", einfach ein Finanzsystem ausgedacht, dessen ausschließlicher Sinn und Zweck es ist, einerseits das grüne Revolutionsprogramm zu finanzieren und andererseits allen Akteuren, die sich nicht ein dichtschließendes grünes Mäntelchen umhängen, die Finanzmittel zu entziehen (Schlüsselbegriff „Divestment").

Soweit dies darauf beschränkt bleibt, die öffentlichen Hände und die öffentlich-rechtlichen Banken (das sind im Wesentlichen die kommunalen Sparkassen und deren Dachorganisation samt Tochtergesellschaften) daran zu hindern, „gegen unsere Zukunft" zu investieren, wie es im Programmentwurf an erster Stelle festgehalten ist, kann es noch als „Regierungspolitik" verstanden werden. Inwieweit diese Bundespolitik sich in Landesrecht und letztlich in die Kommunalen Verfassungen hineinzwingen lässt, ohne die Grundsätze des Föderalismus und der Subsidiarität zu verletzen, kann im Einzelnen erst dann geprüft werden, wenn konkrete Gesetzesentwürfe auf dem Tisch liegen. Erhebliche Zweifel daran sind allerdings schon jetzt angebracht.

Sollte dieser planwirtschaftliche Ansatz jedoch auf Bereiche außerhalb der staatlichen/öffentlichen Zuständigkeit hinaus ausgedehnt werden, entstehen erhebliche Probleme mit der Gewerbefreiheit, mit dem Schutz des Eigentums und damit letztlich mit dem Vertrauen in den Finanz- und Investitionsstandort Deutschland.

Finanzmärkte sind ihrer Natur nach dazu angelegt, freie Liquidität von Anlegern aufzusaugen und sie in Form von Krediten und Unternehmensbeteiligungen an jene Marktteilnehmer weiterzureichen, deren Geschäftsmodelle und Businesspläne unter allen Bewerbern um diese Liquidität am ehesten versprechen, dass die jeweilige Anlage sowohl dem Sicherheitsbedürfnis als auch den Renditevorstellungen der Anleger sehr nahe kommt.

Die Ökonomen sprechen von der Allokationskraft des Zinses, die verhindert, dass das knappe Gut „Geld" dorthin fließt, wo es, ohne einen wirtschaft-

lichen Nutzen hervorzubringen, mehr oder minder
schnell verbrannt wird.

Der grüne Gedanke sieht anders aus. Anstelle einer
hohen positiven Renditeerwartung soll das niedrigste Klimarisiko treten, und wo Klimarisiken festgestellt werden (von wem ist unklar) sollen Banken
und Versicherungen, die solche Finanzprodukte anbieten, diese Risiken mit Eigenkapital unterlegen.

In dieser Vorstellung befindet sich jede Menge
Sprengstoff. Bedeutet die Forderung, Klimarisiken
mit Eigenkapital hinterlegen zu müssen, doch zugleich auch, dass die Akteure des Finanzmarktes
damit rechnen müssen, bei eingetretenen Klimarisiken (Wer soll das gerichtsfest feststellen?) in die Haftung genommen zu werden.

Dass zudem den Akteuren an den Finanzmärkten
auferlegt werden soll,

> für jedes Anlageprodukt eine auch noch für
> die dümmsten (sie sagen: für alle!) Anleger*innen transparente Nachhaltigkeitsbewertung zu erstellen, die neben den Klimazielen auch sonstige Umweltwirkungen, Menschenrechte, Arbeitsnormen und Entwicklungsziele (wessen Ziele?) einschließen muss,
> was wiederum in die Anlageberatung zwingend einfließen soll,

weist den Finanzmärkten eine Rolle zu, die sie
schlicht und einfach nicht wahrnehmen können.

Solche Feststellungen zu treffen, läge im Zuständigkeitsbereich von Genehmigungsbehörden, die eigens eingerichtet werden müssten, weil die einfache Gewerbeanmeldung oder die Eintragung einer Kapitalgesellschaft, die von wenigen Ausnahmen abgesehen (Banken, Makler, Versicherungen) eben nicht genehmigungspflichtig ist, nicht nur bei der Errichtung eines Unternehmens, sondern letztlich bei jeder Kreditvergabe zu prüfen wäre.

Ob die dazu erforderlichen Fachkräfte überhaupt verfügbar wären, oder ob sie durch weitere Zuwanderung, die ja auch im Programm steht, erst herbeiintegriert werden sollen, steht in den Sternen.

Vollkommen rätselhaft bleibt es, wie die Finanzmärkte, zu denen ja auch der Handel mit Aktien und festverzinslichen Wertpapieren gehört, solche Forderungen in der Realität handhaben sollen. Müssen Aktien von Gesellschaften, deren Geschäftsmodell den Verdacht erregt, sie könnten die Erreichung der Klimaziele oder die Durchsetzung der Menschenrechte erschweren, vom Handel ausgeschlossen werden? Müssen Staatsanleihen von Staaten, deren Regierungen weniger grün hinter den Ohren sind als unsere, dann in großen Öfen verbrannt werden?

Wie sieht es aus bei Direktinvestitionen? Wenn sich ein Konzern zur Abrundung seines Portfolios einen Konkurrenten kauft, muss der Investmentbanker, der dieses Geschäft begleitet, dann die Haftung dafür übernehmen, dass diese Fusion nie und nimmer eine Beeinträchtigung der Klimaziele zur Folge haben könnte? Oder kann er sich durch eine Anfrage bei der Finanzaufsicht von seiner Haftung freistellen lassen?

Es gehört sehr viel Fantasie dazu, sich die konkrete Umsetzung dieser Vorstellungen in der Realität auszumalen. Sehr viel weniger Fantasie wird benötigt, um den raschen und nachhaltigen Niedergang des Finanzplatzes Deutschland vorherzusehen, sollten die Grünen je die Machtposition erreichen, dieses durchzusetzen.

Die Drohung der Grünen: „Das Bankgeschäft muss wieder langweilig werden", wird das ihre dazu beitragen.

Auch wenn das Prinzip des Trennbankensystems sicherlich richtig ist: Alles was von den Grünen drumherum an Regularien und Beschränkungen aufgerichtet werden soll, wie z.B. eine Finanztransaktionssteuer mit „breiter" Bemessungsgrundlage, um Spekulation unattraktiv zu machen, führt zum schnellen Niedergang des Finanzplatzes Deutschland.

Dass die Grünen andererseits die Schuldenbremse aus dem Grundgesetzt wieder herausschneiden, oder zumindest bis zum Abschluss ihrer Umgestaltung des Landes außer Kraft setzten wollen, wirft die Frage auf, wer den um 50 Milliarden jährlich aufgeblähten Staatshaushalt und den damit steil anwachsenden Schuldenberg wohl finanzieren wollen wird, wenn es den Finanzplatz Deutschland nicht mehr gibt? Die Wallstreet? Na dann, viel Glück!

Bauern, Tiere und Natur stärken
(Gefahrenklasse 1)

„Bäuer*innen" heißt es im Original. Eine derartige Verhunzung des generischen Maskulinums soll in diesem Buch jedoch nur in apostrophierter Form, keinesfalls gar als Überschrift Einzug halten. Da wäre ja „Landwirtschaftende" noch erträglicher gewesen.

Was schwebt den Grünen vor, um die Ernährungsgrundlage Deutschlands auf den Kopf zu stellen?

Sie wollen versöhnen.

Umweltschutz, Tierschutz, Klimaschutz und Gewässerschutz sollen mit der landwirtschaftlichen Erzeugung versöhnt werden. Heißt auf deutsch: Schutzbedürfnisse und landwirtschaftliche Nutzung stehen sich derzeit unversöhnlich gegenüber.

Versöhnung bedeutet in der Regel, dass beide Seiten ihr Unrecht zugeben, dass beide Seiten ihre eigenen Interessen zu Gunsten eines Kompromisses ein Stück weit zurücknehmen. Wenn dies gemeint wäre, dann wäre es ja schön, denn dann bekämen die Landwirte, die heute mit dem Rücken an der Wand stehen, vielleicht wieder ein bisschen mehr Luft zum Atmen.

Aber versöhnen – das findet sich gleich im nächsten Satz – meint: Die Landwirtschaft fit für die Zukunft zu machen. Kein Kompromiss, keine Versöhnung, sondern weitere Einschränkungen der Landwirte.

Nach den scheinbar unvermeidlichen Spruchblasen von Kreislauforientierung, intakten Ökosystemen, fairer Bezahlung, Sharing-Konzepten, Digitalisierung und – man höre und staune – einem geänderten Ernährungssystem(!), zu welchem explizit ausgeführt wird,

> *dass das Recht auf Nahrung* (aber dennoch) *garantiert sein muss,*

wird es konkreter.

Die EU-Fördermittel für die Landwirtschaft sollen künftig nicht mehr in die Industrialisierung der Landwirtschaft fließen, sondern für öffentliche Leistungen, wie Klima-, Umwelt- und Naturschutz eingesetzt werden. Herauskommen soll ein Ökoland-Anbau von 30 Prozent (Fläche oder Ertrag?) sowie die Halbierung des Pestizid- und Antibiotika-Einsatzes bis 2030. Statt der bisherigen Direktzahlungen an die Landwirte soll eine „Gemeinwohlprämie" eingeführt werden, über deren Verteilung dann vermutlich der Gemeinwohlausschuss der örtlichen Grünen zu entscheiden haben wird. Schon bis 2028 soll für die Hälfte der EU-Gelder eine ökologische Zweckbindung erreicht werden.

Sicherlich ist den Grünen klar, dass die Verringerung des Einsatzes von Pflanzenschutzmittel zugleich zu Ertragseinbußen führt. Daher sollen die Pflanzenschutzmittel mit einer Abgabe belastet werden, die wiederum an diejenigen Landwirte ausgeschüttet wird, die vom Verbot der Pflanzenschutzmittel in Natur- und Trinkwasserschutzgebieten betroffen sind.

Da es Natur- und Trinkwasserschutzgebiete schon heute gibt, und die Landwirte dort bereits deutlichen Beschränkungen unterliegen, kann vermutet werden, dass die entsprechenden Gebiete in der grünen Zukunft massiv ausgeweitet werden sollen.

Mag sein, dass die Entschädigung den Landwirten hilft, trotz geringerer Erträge nicht Insolvenz anmelden zu müssen. Der Ertragsrückgang – und damit der Beitrag der heimischen Landwirtschaft zur Bedarfsdeckung mit landwirtschaftlichen Erzeugnissen – wird damit nicht kompensiert. Macht auch nichts. Wir können diese, auch durch die Zuwanderung zusätzlich größer werdenden Fehlmengen, ja immer noch importieren. Da schützt uns dann das Lieferkettengesetz vor klimaschädlichen, umweltzerstörerischen und menschenrechtsverletzenden Produktionsweisen.

Doch die Grünen haben noch eine weitere Strategie die bäuerlichen Einkommen zu verbessern.

Primär dadurch, dass mit Hilfe des Wettbewerbsrechts gegen Dumping-Preise im Lebensmittelhandel vorgegangen werden soll.

Nun ist das Wettbewerbsrecht nicht geschaffen worden, um die Einkünfte der Bauern aufzubessern, sondern mit der Absicht, unlauteren Wettbewerb zwischen Anbietern zu verhindern, und auf der kartellrechtlichen Seite, um Monopole und Kartelle zu verhindern, womit Preisfestsetzungen und Preisabsprachen zu Ungunsten der Verbraucher unterbunden werden.

Der Markenverband e.V. mit Sitz in Berlin, gibt zum Wettbewerbsrecht einleitend dieses Statement ab:

„Wettbewerbsverzerrungen, gleich welchen Ursprungs, sind jedoch geeignet, diese Parameter des Markterfolgs zu verändern. Nicht mehr Leistung, Qualität, Preis und Innovation sind prägend, sondern wettbewerbsfremde Faktoren wie beispielsweise Monopolstellungen, staatliche Zuwendungen, staatlich regulierte Abschottungen oder Marktmacht. Ein wirkungsvolles Wettbewerbsrecht ist damit Dreh- und Angelpunkt für funktionierenden Wettbewerb und in dessen Folge auch für rechtliche Chancengleichheit bei den Wettbewerbern und beste Ergebnisse für die Kunden.“

Was die Grünen vorhaben, fällt genau unter jene wettbewerbsschädlichen Erscheinungen, die das Wettbewerbsrecht unterbinden soll: Staatliche Zuwendungen und staatlich regulierte Abschottungen, die sich letztlich nur in Form von Mindest-Ladenpreisen, in Kombination mit Mindest-Erzeugerpreisen realisieren lassen.

Das hat einen Geruch nach den „HO-Läden“, jener großen Endverbraucher-Versorgungsorganisation der DDR. Da gab es den staatlich vorgeschriebenen Endverbraucherpreis (EVP) der jeweils über lange Zeiträume und landesweit gültig war und auf den Verpackungen aufgedruckt werden musste. Nur so – und in Verbindung mit Sortimentsbeschränkungen – konnten Löhne und Lebenshaltungskosten im volkswirtschaftlichen Gesamtplan in Übereinstimmung gebracht werden. Der EVP für Brötchen war dabei so verbraucherfreundlich, dass von den 17 Millionen DDR-Bürgern pro Tag mehr Brötchen in den Müll geworfen wurden als von den 60 Millionen Bundesrepublikanern jenseits des antifaschistischen Schutzwalls in einer Woche. Das ist als Folge der grünen Mindestpreispolitik nicht zu erwarten, stattdessen kann mit einem großflächigen Metzgereien- und Bäckereiensterben gerechnet werden.

Aber die Stärkung der Bauern, der Tiere und der Natur hat noch weitere exotisch-grüne Facetten. Die Grünen wollen über die Landwirtschaft Gesundheitspolitik betreiben und ernährungsbedingte Krankheiten eindämmen.

Dazu muss die Ernährungsindustrie in die Pflicht genommen werden und verbindlichen Reduktionsstrategien für Zucker, Salz und Fett unterworfen werden. Damit gehören Produkte wie Sahnetorte, Laugenbrezeln und Leberwurst der Vergangenheit an. Wie überhaupt so ziemlich alles, was Konditor und Wurstmacher im Angebot haben, vom Bannstrahl der Grünen getroffen und aus deutschen Landen verschwinden wird. Kartoffelchips & Co. natürlich auch.

Die Sache mit der Fleischreduktion wird außerhalb dieser Zucker-Salz-und-Fett-Reduktionsstrategien gesondert behandelt, darf aber nicht fehlen, weil es hier nicht nur um die Volksgesundheit, sondern vor allem um den Klimaschutz geht.

Von alledem, was dann nach der Versöhnung von Landwirtschaft, Tier und Natur überhaupt noch produziert und angeboten werden kann, darf aber, weil diese Restprodukte allesamt gesund und ökologisch wertvoll und klimaschützend sind, und weil zudem die Versorgungslage durch Produktionseinschränkungen prekär geworden ist, nichts mehr weggeworfen werden. Und falls doch, dann muss das „Containern" entkriminalisiert werden.

Ein Blick in die USA, wo man in einigen Regionen und Großstädten schon deutlich weiter ist, zeigt das Ergebnis: Ladendiebstahl ist das neue Einkaufen, und wehe, ein Unternehmer, ein Filialleiter oder eine Kassiererin versuchen das zu verhindern. Der Straftatbestand der Rassendiskriminierung ist schneller erfüllt als man bis drei zählen kann. BLM lässt grüßen.

Den Tieren ein besseres Leben zu ermöglichen, ist ebenfalls ein Herzensanliegen der Grünen. Deutlich weniger Tiere, die auf deutlich größeren Flächen deutlich länger und glücklicher leben sollen, verbunden mit dem Abschied von den hochgezüchteten Rassen, werden es ermöglichen, die klimaschädliche Fleischproduktion und den gesundheitsschädlichen Fleischkonsum deutlich zurückzufahren.

Dass sich das mit den wirtschaftlichen Gegebenheiten in Deutschland nicht in Übereinstimmung bringen lässt, unter anderem, weil es jene fiktive Hälfte der Bevölkerung, die sich das (mehr als) doppelt so teure Fleisch noch leisten kann, eher nicht gibt, soll auch hier den Bauern ein Ausgleich gezahlt werden, der sich aus Stall-Umbau-Förderung, fairen Preisen (staatlich festgelegt?) und dem Tierschutzcent, der auf die Preise aller tierischen Produkte, also auch auf Wolle, Leder, Milch und Käse aufgeschlagen werden soll, zusammensetzt. Leider sind nirgends Zahlen zu finden, die darauf hinweisen, dass dieses Wunderwerk der Versöhnung auch einmal von vorne bis hinten durchgerechnet worden ist.

Gerechtigkeit zwischen den Geschlechtern schaffen

(Gefahrenklasse 2)

Dass den Grünen das Adoptionsrecht für schwule Paare mehr am Herzen liegt als der Schutz von Ehe und Familie im herkömmlichen Sinne, ist bekannt. Dass dafür eigens Begriffe wie „Elter 1 und Elter 2" geprägt wurden, ist ebenfalls nicht neu.

Neu ist, dass die gleichgeschlechtliche Lebensgemeinschaft im Programmentwurf explizit nur noch in der Ausprägung der „Zwei-Mütter-Familien" vorkommt. Dies sollte niemanden irritieren. Anders als in Ungarn, wo gilt: „Der Vater ist ein Mann, die Mutter ist eine Frau", haben die Grünen die freie Wahl des Geschlechts vorgesehen, so dass sicherlich Interpretationsfreiheit dahingehend besteht, dass auch zwei Männer eine Zwei-Mütter-Familie darstellen können.

Nach der Homo-Ehe, die ja, wie das dritte Geschlecht und die dritte Toilette – für jene, die sich nicht entscheiden können – schon durchgesetzt sind, soll dies nun durch einen nicht näher beschriebenen „Pakt für das Zusammenleben" noch getoppt werden. Jedenfalls steht eine Änderung des

Abstammungsrechts auf der Agenda, so dass die „Co-Mutter" der Zwei-Mütter-Familie, nachdem die Krankenkasse zur Erfüllung des Kinderwunsches der lesbischen Familie die künstliche Befruchtung finanziert hat, automatisch als zweites rechtliches Elternteil gilt.

Soweit die gendergerechte Neugestaltung des Privatlebens diverser und anderer Geschlechter.

In Bezug auf das Arbeitsleben, die Karrieren und die Entlohnung bleiben die Grünen ihren althergebrachten Erzählungen von der Benachteiligung der Frauen treu und eröffnen ihre Klagewelle damit, dass sie feststellen: „Durchschnittlich verdienen Frauen im gesamten Erwerbsleben etwa nur halb so viel wie Männer."

Das ist ein Null-Aussage, die sich als Begründung für die Forderung nach gleichem Lohn für gleichwertige Arbeit nicht heranziehen lässt.

Und selbst die Forderung nach gleichem Lohn für gleichwertige Arbeit ist nicht haltbar, solange der Leistungs- und Qualitätsaspekt dabei unberücksichtigt bleibt.

Ungetrübt von jeglichem betriebswirtschaftlichen Sachverstand blenden die Grünen alles aus, was auf Ungleichheiten außerhalb des hier ausnahmsweise rein „binären" Geschlechts hindeuten und eine unterschiedliche Bezahlung rechtfertigen könnte.

Abgesehen von weichen Faktoren, wie Engagement und Initiative, die durchaus Einfluss auf die Bezahlung haben können, stehen genügende harte Fakten im Raum, die bei der (angestrebten) Teilzeitarbeit beginnen und bei der für bestimmte, besser bezahlte Tätigkeiten nicht ausreichenden Qualifikation enden. Wer sich für Gender-Studies eingeschrieben hat, wird keinen Job als Maschinenbau-Ingenieur ausüben können und ggfs. von dem Lohn leben müssen, der sich aus den Zuschüssen öffentlicher Hände für diesbezügliche Projektarbeiten darstellen lässt.

Welche Motivation sollte ein gewinnorientiertes Wirtschaftsunternehmen dazu verleiten, eine Frau bewusst und absichtlich schlechter zu bezahlen als einen Mann, der die gleiche Funktion mit der gleichen Zuverlässigkeit, Präzision und Leistung ausfüllt?

Die Kontrollfrage dazu lautet: Warum gibt es nicht zum Ausgleich tausende von Unternehmen, die von Frauen geführt sind und den dort beschäftigten Frauen die geforderte Entgeltgleichheit gewähren?

Nun, die Grünen lösen das Problem elegant über ein „effektives Entgeltgleichheitsgesetz", das auch für kleine (also für alle) Betriebe gelten soll, und das die Unternehmen dazu verpflichtet, über die Bezahlung von Männern und Frauen und ihre Maßnahmen zum Schließen des eigenen Gender-Pay-Gaps zu berichten. Die Tarifpartner sollen gezwungen werden, alle Lohnstrukturen auf Diskriminierung zu überprüfen. Natürlich muss dazu ein Verbandsklagerecht geschaffen werden, damit die Diskriminierten nicht auf sich alleine gestellt bleiben und Frauen im Berufsleben eine höhere Wertschätzung erfahren, die sich in besseren Arbeitsbedingungen, besserer Bezahlung und besserer Vereinbarkeit von Familie und Beruf ausdrückt.

Denn: Es geht um nichts anderes als um die wirtschaftliche Unabhängigkeit der Frau, die ganz unabhängig davon, was sie tut, wie sie es tut und wie lange sie es tut, mit mindestens so viel Geld hergestellt werden muss, wie es ein Mann in einem gutbezahlten Beruf mit Vollzeit-Job, regelmäßigen Überstunden und viel Engagement verdient.

Auf andere Weise kann ein Mann übrigens auch keine wirtschaftliche Unabhängigkeit erlangen.

Frauen müssen also (nur Frauen, natürlich!) von der Berufswahl bis zur Rente mit Einkommen gepampert werden, die ihre wirtschaftliche Unabhängigkeit ermöglichen.

Daher müssen Mini-Jobs in sozialversicherungspflichtige Beschäftigungsverhältnisse überführt und Sonderregelungen für haushaltsnahe Dienstleistungen geschaffen werden. Dazu kommt eine „gendersensible Berufsberatung".

Wie so eine gendersensible Berufsberatung konkret aussehen soll, bleibt vorerst noch das Geheimnis der Grünen. Früher war Berufsberatung ein Prozess, in welchem die im Schulbetrieb gewonnenen Kenntnisse die Basis darstellten, wobei auch die körperlichen Fähigkeiten eine Rolle spielen konnten. Hinzu kamen die Wünsche und persönlichen Neigungen der jeweiligen Person, und – last but not least – die Einschätzung der Beratungseinrichtung bezüglich der Arbeitsmarktentwicklung in bestimmten Branchen und Tätigkeitsfeldern.

„Gendersensible" Berufsberatung wird es wohl erfordern, zunächst das selbstgewählte Geschlecht in Erfahrung zu bringen, um dann die darauf zugeschnittenen Berufslisten für Männer, Frauen, Schwule, Lesben, Bisexuelle, Transgender, Queere, usw. zu Rate zu ziehen. Weil es allerdings zwischen den Geschlechtern keine Unterschiede gibt (sorry, diese Erkenntnis stammt nicht vom Autor dieses Buches), müssten letztlich alle diese Berufslisten authentisch sein. Es muss ja jedem alles offenstehen.

Das „Sensible" in gendersensibel kann dann nur bedeuten, dass die Berater sensibel genug vorgehen, um ihren Klienten nicht zu verraten, dass sie – völlig unabhängig von deren selbstgewähltem Geschlecht – nach stets dem gleichen Schema wie bisher vorgehen, stattdessen aber stets betonen, dass die Angehörigen aller Geschlechter bei gleicher Ausbildung, gleichen Wünschen und Neigungen und guten Tendenzen im spezifischen Sektor des Arbeitsmarktes gute Chancen im Beruf X und Y hätten.

Kommen wir zum Steuerrecht für Frauen:

Die Grünen haben das deutsche Steuerrecht nicht verstanden. Das ist Fakt.

Für verheiratete Paare gilt heute, dass sie – auf Wunsch – gemeinsam zur Einkommensteuer veranlagt werden. Da die Lohnsteuer nur eine Sonderform der Erhebung der Einkommensteuer ist, bleibt auch bei der Lohnsteuer die gemeinsame Veranlagung bestehen, um aber beim Direktabzug vom Lohn möglichst keine zu hohe steuerliche Belastung zu schaffen, besteht die Wahlmöglichkeit darin, bei Einkommensungleichheit den einen Partner in der Steuerklasse III zu führen, in der die Steuersätze niedrig sind, und den anderen Partner in Steuerklasse V, wo die Steuersätze hoch sind, weil davon ausgegangen werden kann, dass diese Einkommensbestandteile bei der gemeinsamen Veranlagung „on top" anfallen und folglich jenen Teil des gemeinsamen Einkommens ausmachen, der dem Spitzensteuersatz am nächsten kommt.

Haben beide ein in etwa gleich hohes Einkommen, dann können beide die Steuerklasse IV wählen, in welcher jeder seinen Anteil an Freibeträgen für sich hat, so dass unter dem Strich auch in etwa gleiche Netto-Einkommen herauskommen.

Was den Grünen bei der Abschaffung dieses Prinzips genau vorschwebt, weiß ich nicht. Sie schreiben dazu im Programmentwurf:

„Dieses Modell ist ungerecht, weil es Ehen privilegiert, Alleinerziehende und nicht verheiratete Paare außen vorlässt."

Wenn die gewünschten Änderungen aufkommensneutral bleiben sollen, verändert sich lediglich die Höhe der von den Partnern per Lohnabzug gezahlten Steuern nach oben, was dann halt später über den Lohnsteuerjahresausgleich wieder ausgeglichen werden muss. Man kann jedoch nicht sicher sein, dass es nur um eine steuerliche Besserstellung der

Frauen geht, die letztlich an anderer Stelle wieder kompensiert werden muss.

Das Steuerrecht stammt halt noch aus einer Zeit, in der Ehe und Familie als die Keimzelle des Volkes höher im Ansehen standen als folgenlose sexuelle Ausschweifungen, Verhütungsmittel und das Recht auf Abtreibung.

Vollendung der Europäischen Wirtschafts- und Währungsunion
(Gefahrenklasse 2)

König Ludwig der Zweite von Bayern soll tief im Herzen den romantischen Wunsch getragen haben, Ruinen zu vollenden. Die Burg Falkenstein unweit von Neuschwanstein hatte es ihm besonders angetan.

Auf deren Fundament wollte Ludwig eine Art „Neuschwanstein 2" entstehen lassen. Der Theatermaler Christian Jank schuf im Auftrag des Königs den Entwurf. Das Werk blieb jedoch, bis auf die zur Ruine führende Straße und die Wasserleitung dahin, unvollendet.

Was den Grünen in Bezug auf EU und Euro vorschwebt, ist von der gleichen romantischen Träumerei geprägt, wie sie auch in der grünen Waldromantik, der grünen Landwirtschaftsromantik, der grünen Ökostromromantik und der grünen Feminismusromantik zum Ausdruck kommt. Eine ganz und gar nicht biedermännische, wohl aber bieder-

meierliche Sehnsucht nach dem stillen Idyll der all-
umfassenden Harmonie.

Doch Romantiker laufen stets Gefahr, ihren Dr.
Gudden zu finden, der sie ins tiefe Wasser führt, wo
sie feststellen, dass, wer Schwimmen erlernt hat, im
Vorteil ist.

Genug der lästerlichen Vorrede.

Die Gefahrenklasse 2 wurde für diesen Teil des Programmentwurfs gewählt, weil die Umsetzung un-
wahrscheinlich ist, selbst mit noch so vielen Grünen
im EU-Parlament.

Denn, was auch immer im deutschen Bundestags-
wahlprogramm steht, auf der Agenda der EU-Kommission steht es deswegen noch lange nicht.

So kann der Satz:

*„Wir werden in der EU konsequent in Klimaschutz,
Digitalisierung, Forschung und Bildung investieren",*

mangels der dafür erforderlichen Kompetenz
schlicht nicht ernst genommen werden. Ungefähr-
lich ist er dennoch nicht, denn die zu befürchtende
Regierungsbeteiligung der Grünen im Bund ist ein
Türöffner für Einflussnahmen im Verantwortungs-
bereich der EU.

Natürlich wollen die Grünen für diese Investitionen
wieder viel Geld ausgeben und dafür den EU-Haushalt deutlich ausweiten und der EU eigene (Steuer)
Einnahmen verschaffen.

„Plastik- und Digitalkonzerne" sind als Melkkühe für den EU-Haushalt vorgesehen.

Der zur Überwindung der Belastungen aus der Corona-Krise geschaffene „Wiederaufbaufonds", mit einem Volumen von 0,75 Billionen Euro, die durch Verschuldung der EU (=Eurobonds) aufgebracht werden, soll „verstetigt" werden. Also soll der EU das dauerhafte Recht gegeben werden, falls irgendwo irgendetwas nicht rund läuft, ein neues großes Milliardenpflaster aus der Brüsseler Hausapotheke zu nehmen und zum Beispiel frische Wunden im Eigenkapital der italienischen Banken damit zu versorgen. Wohlgemerkt mit Geld, für das am Ende alle (und alle ist nahezu deckungsgleich mit Deutschland) haften müssen.

Kein Wunder, dass der EU damit auch das Recht einer eigenen Fiskalpolitik zugestanden wird. Dass auch dieses, wie so mancher andere Vorschlag, mit dem deutschen Grundgesetz unvereinbar ist, weil damit der Deutsche Bundestag entmachtet, ja geradezu kastriert wird, weil ein deutsches Finanzministerium dann nur noch so eine Art Clearingstelle für die von der Kommission gelenkten Geldflüsse – hier *aus* den Taschen der Steuerzahler, dort *in* die Taschen der Profiteure – sein kann, interessiert die Grünen, die ja die Gliederungsebene „Nationalstaat" in der EU gedanklich längst aufgegeben haben, schon nicht mehr.

Die Vorstellung, dass durch eine gemeinsame (und das muss übersetzt werden in „zentrale") Fiskalpolitik die Zentralbank entlastet würde, die dann die

Brände nicht mehr alleine löschen muss, ist nicht nur naiv, sie ist geradezu kriminell und zeugt von einem Sachverstand auf Kinderbuchniveau.

Der nächste Traum:

„Wir wollen den Euro zur Leitwährung machen!"

Geht's noch?

Das Rezept, dass sie sich dafür ausgedacht haben, ist vom gleichen Kaliber. Diese Grünen!

Die Grünen wollen „sichere europäische Vermögenswerte" schaffen, in denen die Welt sparen kann. Das genügt. Damit macht man Leitwährung.

Während die EU gegenüber China und den USA als Wirtschaftsmacht immer kleiner wird und als Militärmacht in der Kategorie „Prahlhans" gerade noch mithelfen kann, die US- und NATO-Kriege zu unterstützen – nicht, weil sie militärisch wirksam wäre, sondern weil damit die Schuld- und Rechtfertigungsfrage auf mehrere Schultern verteilt wird und eine Krähe der anderen kein Auge aushackt – diese EU, deren Zentrifugalkräfte schon die Briten hinausgeschleudert haben, will attraktive Vermögenswerte schaffen?

Nein. Diese Grünen wollen die EU – ohne Einspruchsrecht der nationalen Parlamente – gegenüber dem Ausland verschulden, dass die Schwarte kracht! Und diese Schulden werden dem Wahlvolk als „sichere Vermögenswerte, in denen die Welt sparen kann" verkauft, obwohl als Garantiegeber letztlich nur Ursula von der Leyen dahintersteht, die schon in Deutschland eine Spur der Verwüstung hinterlassen hat, ohne mit ihrem Privatvermögen dafür haften zu müssen.

Vielleicht hoffen die Grünen aber auch darauf, einst Annalena Baerbock auf den Stuhl der Kommissionspräsidentschaft hieven zu können? Der Genosse Trend würde diese Kontinuität der Kompetenzentwicklung vermutlich sogar unterstützen.

Die Hybris gipfelt darin, dass in den weltweiten Zukunftsmärkten, „wie Investitionen in den Klimaschutz", der Euro zum internationalen Zahlungsmittel werden soll.

Da hat wohl mal jemand aufgeschnappt, dass der Dollar Leitwährung ist, weil Öl international in Dollar abgerechnet wird und daraus den Schluss gezogen, dass halt Investitionen in den Klimaschutz künftig in Euro abgerechnet werden müssen.

Ein Argument, das man nur oft genug wiederholen muss, um sich die Chinesen vom Hals zu schaffen, denn die sind schon dabei, sich totzulachen.

Solide, weitsichtig und gerecht haushalten

(Gefahrenklasse 2)

Die hier vorgenommen Einstufung in die Gefahrenklasse 2 gilt nur, wenn die Maßnahmen isoliert betrachtet werden und ihr eigentliches Ziel, nämlich der Umbau Deutschlands in eine Öko-Diktatur noch außer Acht gelassen wird.

Schon die einführenden Sätze des Programmentwurfs zu dieser Thematik enthalten eine 50 Milliarden Euro schwere Lüge. Dort steht nämlich zu lesen, dass Subventionen im Umfang von 50 Milliarden Euro abgebaut werden sollen.

Das geht runter wie Öl.

Ist aber gelogen. Es sollen – im Gegenteil – die Steuern um 50 Milliarden Euro erhöht werden, indem Dieseltreibstoffe steuerlich ebenso belastet werden sollen, wie Ottokraftstoffe, und auch die steuerlichen Regeln für die Nutzung von Dienstwagen (nur schwere Dienstwagen, versteht sich) zu Lasten der Steuerzahler verändert werden.

Das heißt, neben den geplanten Ertragsschmälerungen und Einkommenseinbußen in der Landwirtschaft, werden die noch lange auf den Diesel angewiesenen Bauern massiv mit Treibstoffkosten belastet, und der straßengebundene Güterverkehr noch ein Stück weiter stranguliert. Letztlich bedeutet das nichts anderes, als dass die Endverbraucher in diesem schönen Lande jährlich um 50 Milliarden Euro mehr zur Kasse gebeten werden, während das Höfesterben und der Konzentrationsprozess in der Landwirtschaft neu befeuert werden und, dass die Zahl ausländischer Spediteure, die das Transportgeschäft auf deutschen Straßen mit übermüdeten Billigstchauffeuren und oft überladenen und nicht TÜV-geprüften LKWs schon heute weitgehend übernommen haben, noch weiter ansteigt.

Stellt sich die Frage, was sie mit diesen 50 Milliarden anfangen wollen.

Nun, zunächst einmal werden die nicht reichen, denn daneben sollen „Grüne Anleihen" begeben, also Schulden aufgenommen werden.

Wenn dann genug zusammengekommen ist, geht es daran, dem Bundeshaushalt eine „Klimaquote" zu verpassen, die noch dazu schrittweise steigen soll, und damit sollen nachhaltige Ausgaben finanziert werden.

Was ist eine nachhaltige Ausgabe?

Das ist eine wichtige Frage, denn um Investitionen kann es sich nicht handeln, sonst hätte man nämlich voller Stolz „nachhaltige Investitionen" ins Programm geschrieben.

Weil der Bundeshaushalt nicht nur solide, also mit massiven Steuererhöhungen und Neuverschuldung finanziert werden, sondern auch nachhaltig und vor allem gerecht sein soll, wird hier aus der tiefsten Schublade der Fiskalpolitik der Begriff

„Gender-Budgeting"

zum Programm erhoben. Damit sollen bei allen haushaltspolitischen Entscheidungen konsequent „Gleichstellungsaspekte" einbezogen und berücksichtigt werden. Wie sich das konkret auswirken wird, wenn zum Beispiel Fördergelder an Unternehmen nach Quoten in Bezug zur sexuellen Identität der Eigner oder Unternehmensleiter bemessen werden, kann man sich ungefähr so vorstellen:

„Mindestens fünf Prozent der Aufträge für die neuen Sturmgewehre der Bundeswehre müssen an Transgender-Unternehmen vergeben werden ...".

Aber dieser Aspekt soll hier gar nicht weiter vertieft werden. Das Teufelswörtchen von der „Gleichstellung" sollte jeden vernunftbegabten Bürger viel mehr in Rage bringen. Gleich*berechtigung* ist gut und wichtig. Gleich*stellung* ist Wahnsinn, weil Gleichstellung sämtliche Unterschiede in Wissen und Können, Leistung und Qualitätsanspruch einebnet. Es ist, als würde man allen Männern, die am Samstagabend mit Bier und Chips die Sportschau goutieren, ermöglichen wollen, als Bundestrainer zu fungieren – und zwar alle gleichzeitig!

Gleichstellung,

> so sehr die Grünen, wie auch die Linken noch bemüht sind, die Diskussion darüber auf der Ebene des Feminismus und der Diversität der Geschlechter, immer öfter aber auch schon im Spannungsfeld zwischen Migranten und Bio-Deutschen zu halten,

ist maximale kommunistische Gleichmacherei und das Herunterdrücken aller auf ein einheitliches niedriges Niveau, dem auch die Allerletzten noch gerecht werden.

Ein Gutes aus dem Programm

(Gefahrenklasse 0)

Öffentlich-private Partnerschaften (ÖPP) sollen im Straßenbau gesetzlich ausgeschlossen, in anderen Bereichen sollen Investitionen nach Möglichkeit durch die öffentliche Hand direkt finanzierte werden. Bestehende Verträge sollen öffentlich transparent gemacht werden.

Letzteres werden die Juristen der privaten Partner zu verhindern wissen, aber keine neuen solchen „Geschäfte" abschließen zu wollen, die grundsätzlich die Kosten für Staat und Bürger bei geringerer oder qualitativ schlechterer Leistung erhöhen, ist ein gutes Ziel, dem allerdings die Schuldenbremse für Länder und Kommunen im Wege steht.

Doch auch da haben die Grünen entdeckt, dass die Schuldenbremse ein Investitionshindernis darstellt, das sie durch die Genehmigung „begrenzter Kreditaufnahme" aus dem Weg räumen wollen.

Über die Ausgestaltung müsste man im Detail sprechen, die Zielrichtung ist jedoch die richtige.

Gute Arbeit und faire Löhne

(Gefahrenklasse 2)

Die hierzu geäußerten Vorstellungen sind nicht rein grün, sondern links-grün, was bei subtraktiver Farbmischung und gleichen Anteilen immer noch ein sattes NATO-Oliv ergibt. Etwas mehr Rot – und das Ergebnis schwingt in Richtung Khaki.

Tendenziell haben sich die Grünen das Gleiche ins Programm geschrieben, was die GroKo ebenfalls in öffentlichen Reden und Talkshows vertritt. Da muss der Mindestlohn sofort auf 12 Euro angehoben werden, danach soll die Mindestlohnkommission dafür sorgen, dass der Mindestlohn vor Armut schützt. Leiharbeiter sollen vom ersten Tag an den gleichen Lohn erhalten wie Stammbeschäftigte, aber obendrauf noch eine Flexibilitätsprämie. Arbeitsschutz soll künftig auch die Themenfelder „Stress", „Burn-Out" und „Entgrenzung der Arbeit" umfassen, also in erster Linie intrapersonelle Probleme beheben.

Polemisierend kann man sagen, wenn es die „Gleichstellung" ermöglicht, dass eine sechzigjährige Oberstudienrätin für Musik, Zeichnen und Ausdruckstanz sich nach der Pensionierung ein Zubrot als Fluglotse verdienen kann, dann muss der Arbeitgeber dafür sorgen, dass pro Stunde nicht mehr als ein Flugzeug in ihren Luftraum gerät, um sie hinreichend vor Stress zu schützen.

Selbstverständlich muss man auch den Mikrobiologen, der fieberhaft an einem Impfstoff gegen Corona arbeitet, davon abhalten, seine täglichen und wöchentlichen Regelarbeitszeiten zu überschreiten, seinen Jahresurlaub zu Gunsten der Projektarbeit zu verschieben oder verfallen zu lassen, weil seine Arbeit nur so in den schützenswerten Grenzen gehalten werden kann.

So verrückt das jemandem auch vorkommen mag, der das Arbeitsleben kennt und seinen Job gerne und gut ausfüllt oder ausgefüllt hat: Unter der Prämisse der Gleichstellung darf es solche Menschen gar nicht geben, und wer sich dafür halten sollte, muss psychiatrischer Betreuung und ggfs. der Sicherungsverwahrung zugeführt werden.

Der soeben angesprochene Schutz vor Stress, Entgrenzung und Burnout hindert die Grünen jedoch nicht an der Erkenntnis: *„Ein guter Arbeitsplatz ist eine wichtige Quelle für Einkommen, Anerkennung und Selbstverwirklichung."*

Den Widerspruch in der eigenen Argumentation erkennen die Grünen wohl deshalb nicht, weil sie sich ihre guten Arbeitsplätze alle Jahre zu Weihnachten nach den bewährten Rezepten von Chefkoch.de im heimischen Herde aus lauter guten Zutaten backen wollen.

Was wollen sie alles in den Teig hineinrühren?

- „Wir müssen gute und sichere Jobs schaffen.
- Mit dauerhaft höheren öffentlichen Investitionen (Wer soll das bezahlen?),
- mit mehr Gründungsgeist und
- Forschung sowie
- Innovation wollen wir
- ein Umfeld für neue Jobs schaffen.
- (Dem) Fachkräftemangel und (...)
- der prekären Beschäftigung (...)
- wollen wir mit einer sozial gerechten Arbeitspolitik entgegentreten.
- Damit sorgen wir für gute Löhne und trocknen den Niedriglohnsektor mittelfristig aus."

Das ist Blahblah, das reine Blahblah und nichts als Blahblah!

Man kann im Kontext des ganzen Papieres leicht auf den Gedanken kommen, dass es mit der Einführung von allgegenwärtigen Frauen- und Migrantenquoten gelingen soll, die in den Augen der Grünen zu hohen Lohnsteigerungen bei den dünn gesäten Fachkräften rückgängig zu machen und das damit „Ersparte" zu Gunsten der prekär Beschäftigten als Anhebung der Mindestlöhne von der rechten in die linke Tasche zu verschieben.

Die Austrocknung des Niedriglohnsektors erfordert aber mehr als die Egalisierung von Verdienstunterschieden. Ohne eine entsprechende Steigerung der Arbeitsproduktivität in diesem Bereich wird sich im Niedriglohnsektor nichts bewegen lassen. Die Grenzen sind dort gesetzt, wo einfache manuelle Tätigkeiten schlicht und einfach an die Grenzen der Effizienz geraten, oder anders ausgedrückt, wo ein Mehr an Ausbeutung körperlicher und geistiger Kräfte nicht mehr möglich ist.

Wenn mit dem Anstieg der Löhne kein Anstieg der Produktivität und keine Mehrleistung verbunden ist, mündet alle staatliche Lohnpolitik entweder in Inflation oder in Wohlstandsminderung. Über diesen Satz wird mancher länger nachdenken müssen, aber für die ausführlichere Behandlung dieser Thematik ist in diesem Kontext kein Platz.

Ein weiteres grünes Denkmuster zeigt sich bei der Forderung nach mehr Mitbestimmung in Bezug auf Ort, Lage und Umfang der Arbeit. Ein Luxusproblem, das heute in Einzelgesprächen zwischen Mitarbeitern und Vorgesetzten nach den Vorstellungen der Mitarbeiter geregelt wird, wenn die betrieblichen Belange es zulassen. Ein Recht auf Home-Office hilft dem Stahlarbeiter am Hochofen ebenso wenig, wie dem Schullehrer oder dem Arbeiter im Fleisch-Zerlegebetrieb. Selbst ein Call-Center hat mit erheblichen Schwierigkeiten zu kämpfen, will es die an einer Stelle zusammengefassten, in einem internen Netz miteinander verbundenen Arbeitsplätze, in die Wildnis der öffentlichen Leitungen und Vermittlungsstellen entlassen.

Der Gipfel Grüner Verstiegenheit ist es aber, wenn es

- einerseits ein Recht auf Home-Office geben soll,
- gleichzeitig aber für jeden Beschäftigten auch ein Platz im Unternehmen verfügbar gehalten werden muss.

Das ist wie bei der Energie aus Wind und Sonne, für die selbstverständlich für den Fall der Dunkelflaute auch noch ein vollständiger konventioneller Kraftwerkspark vorgehalten werden muss. Es kostet ja alles nichts, jedenfalls scheinen die Grünen davon zutiefst überzeugt.

Es scheint auch so zu sein, dass die Grünen davon überzeugt sind, an Pflegekräften würde es in den Kliniken, Alten- und Pflegeheimen nur mangeln, weil dort die 40-Stunden-Woche herrscht und oft genug noch ganz erhebliche Überstunden gefordert werden. Daher plädieren die Grünen für die 35-

Stunden-Woche in den Pflegeberufen mit freier Wahlarbeitszeit und flexiblem Arbeitszeitkorridor.

Wenn dann am Montagmorgen die letzte Pflegekraft der Nachtschicht um 6.00 Uhr die Patienten alleine gelassen hat, wird der flexible Korridor es erlauben, dass die letzte Pflegekraft der Frühschicht erst gegen 9.00 Uhr eintrudelt. Es gibt Dinge, die gehen nicht. Und das gehört eindeutig dazu.

Sozialpolitische Vorstellungen
(Gefährdungsklasse 2,5)

<u>Einkommenssicherung</u>

Auch in diesem Themenfeld ergehen sich die Grünen in Gleichstellungsfantasien und formulieren, nach der Überschrift: „Wir sichern die sozialen Netze", gleich als ersten Satz ein

„Menschenrecht auf soziale Teilhabe, auf ein würdevolles Leben ohne Existenzangst."

Nun weiß man, dass niemand, selbst Millionäre nicht, vor dem Phänomen der Existenzangst gefeit ist. Man weiß auch, dass „soziale Teilhabe" mit der Übertragung des Festivals der Volksmusik im Fernsehen nicht von jedem schon als erfüllt angesehen wird. Da gibt es auch die Eintrittskarte für den „Ring" in Bayreuth und jene für das Endspiel der Fußball-Weltmeisterschaft, die unter der Rubrik „Soziale Teilhabe" erfasst werden können. Man weiß auch, dass ein würdevolles Leben schwer zu definieren ist. Ist es noch würdevoll, wenn die Antifa beim

AfD-Abgeordneten zu Besuch kommt und die Polizei nur mit den Schultern zuckt, oder ist es erst dann würdevoll, wenn jeder Frau per Quote ein Arbeitsplatz nach ihren Wunschvorstellungen zur Verfügung gestellt wird?

Die Grünen köcheln Teilhabe, Würde und Freiheit von Existenzangst auf der ganz kleinen Flamme einer „Garantiesicherung", die sie an Stelle von Hartz IV installieren wollen.

Wie diese „Garantiesicherung" gestaltet sein soll, muss man sich aus Nebensatzfragmenten mühsam selbst zusammenbasteln. Wahrscheinlich handelt es sich um eine Art „Bedingungsloses Grundeinkommen light", das jeder erhält, dessen Einkommen unterhalb des Nennwertes des Garantieeinkommens bleibt, wobei – das Stichwort ist Sanktionsfreiheit – davon ausgegangen werden kann, dass es egal ist, ob das eigene Einkommen unterhalb der Garantiesicherung liegt, weil der Beantragende keine Arbeit findet, oder weil er gar nicht erst nach einer Erwerbsarbeit sucht.

In späteren Schritten soll die Garantiesicherung individualisiert werden und Hinzuverdienste zur Steigerung des Gesamteinkommens ermöglichen.

Job Center soll es jedoch weiterhin geben, die sich allerdings nur noch um wirkliche Arbeitsvermittlung und Begleitung kümmern sollen.

Selbstverständlich sollen diese Leistungen und die damit verbundenen Regularien EU-einheitlich eingeführt werden, wobei die Mindeststandards jedoch (vorläufig?) an die ökonomische Situation in den einzelnen Mitgliedsstaaten angepasst werden sollen. Dies könnte durchaus wirkungslos bleiben, wenn die Arbeitnehmerfreizügigkeit es erlaubt, statt in Ungarn die niedrige Garantiesicherung in Anspruch zu nehmen, einfach in Deutschland den Antrag auf die höhere zu stellen. Urteile des Bundesverfassungsgerichts und des EUGH, die in diese Richtung weisen, gibt es ja bereits.

<u>Rentensicherung</u>

Nach erfülltem Erwerbsleben mit einem Rentenanspruch ab 67 wollen die Grünen ein Rentenniveau von 48 Prozent langfristig sichern. Wie wollen sie das bewerkstelligen?

Einfaches Rezept:

- Erhöhung der Frauenerwerbstätigkeit
- Rückkehrrecht in Vollzeit
- Ein echtes Einwanderungsgesetz (???)
- Beschäftigungssituation älterer Arbeitnehmer verbessern
- Steuerzuschüsse erhöhen
- Prekäre Beschäftigung überwinden
- Aufnahme Selbstständiger und Abgeordneter in die gesetzliche Rentenversicherung
- Reparatur der Grundrente und Weiterentwicklung zu einer echten Garantierente
- Kapitalgedeckter Bürgerfonds zur Ergänzung der umlagefinanzierten Rente als Ersatz für die Riester-Rente (Zwangsabgabe, der aktiv

widersprochen werden muss, analog zur Organspende)
- Zwang der Arbeitgeber zum Angebot einer betrieblichen Altersvorsorge

Das wird dem Norbert Blüm beim Umdrehen im Grabe die Tränen ins Gesicht treiben.

Wir haben zwar einen sehr hohen Sockel an Arbeitslosigkeit, doch weil es um die Renten geht, müssen mehr Frauen und mehr Ältere und mehr Zuwanderer in Beschäftigung gebracht werden.

Hex! Hex!

Gesundheitssicherung

Vor der Gesundheitsversorgung kommt die Krankheitsprävention. Daher soll niemand mehr in der Fleischindustrie unter prekären Bedingungen arbeiten, niemand soll in einer schimmeligen Wohnung wohnen, niemand soll an einer vielbefahrenen Straße wohnen, niemand soll mit Hartz IV in Armut leben. Aufgabe grüner Politik ist es, vorzusorgen, die Ursachen von Krankheiten zu bekämpfen und vorausschauend zu handeln. Aufstellung von Gesundheitszielen, Ausweitung der Gesundheitsberichterstattung, Prävention, Gesundheitsförderung und letztlich auch die gesundheitliche Versorgung sind als Querschnittsaufgabe (zusätzlich zur Querschnittsaufgabe Gender-Mainstreaming) in allen Politikbereichen zu verfolgen.

Tiefstgrün: *„Um uns gegen klimawandelbedingte Hitzewellen zu wappnen, werden wir einen Sonderfonds zur Umsetzung von Hitzeaktionsplänen etablieren."*

Selbstverständlich wollen die Grünen aber auch für Pandemien gewappnet sein und dazu die Krankenhaus- und Notfallversorgung reformieren sowie die Digitalisierung, insbesondere in den Gesundheitsämtern beherzt (!) vorantreiben. Alles natürlich wieder auch auf europäischer Ebene mit eigenen europäischen Forschungs-, Entwicklungs- und Produktionskapazitäten und natürlich einer neuen EU-Behörde mit dem schönen Namen HERA.

(Hera ist der griechischen Mythologie nach übrigens sowohl die Schwester als auch die Gattin von Zeus gewesen und hat von diesem die Kinder Ares, Hebe und Eileithyia empfangen. Scheint, als wollten die Grünen Zeus auf dem Wege über eine neue europäische Pandemiebürokratie als Kronzeugen für ihre grüne Sexualmoral in Anspruch nehmen.)

Im bundesdeutschen Inland darf eine neue Behörde ebenfalls nicht fehlen. Daher ist ein Bundesinstitut für Gesundheit zu schaffen, verbunden mit der Maßgabe, dass künftig 1 Prozent der gesamten Gesundheitsausgaben in den öffentlichen Gesundheitsdienst fließt. Ob dieses eine Prozent allein aus einer Erhöhung der Zusatzbeiträge der gesetzlich Versicherten kommen soll, oder ob es durch Leistungseinschränkungen im bestehenden Gesundheitswesen zusammengespart werden soll, bedarf wohl noch einer innerparteilichen Basisbefragung.

Klarer ist die Forderung nach Abschaffung der Fallpauschalen in den Kliniken. Krankenhäuser sollen künftig nach ihrem gesellschaftlichen Auftrag finanziert werden. Für Investitionen in Krankenhäuser sollen künftig Bund und Länder gemeinsam aufkommen, wobei dem Bund das Recht zugestanden wird, die Grundsätze der Krankenhausplanung zu definieren. Das ist wieder ein Schritt in Richtung Zentralismus – wobei vergessen wird, dass Zentralismus günstige Voraussetzungen für Diktaturen schafft und die sonst von den Grünen so hoch gehaltene Bürgernähe und Bürgerbeteiligung ins Abseits schiebt.

Unter dem Aspekt der Geburtshilfe wird die Forderung nach einer Frauenquote im Gesundheitswesen gestellt, um mehr Frauen in die Führungsgremien des Gesundheitswesens holen zu können.

Und nachdem die Frauen ihre Quote erhalten sollen, dürfen LSBTIQ*-Menschen nicht vergessen werden. Der Anspruch auf medizinische Maßnahmen für trans- und intergeschlechtliche Menschen soll gesetzlich verankert werden. Nun ja: Weil diese Menschen den gleichen Anspruch auf medizinische Maßnahmen haben wie jeder normale Heterosexuelle, muss das als das Recht auf „Geschlechtsumwandlung" mittels hormoneller, chirurgischer und psychologischer Maßnahmen angesehen werden, für das die Beitragszahler zur Kasse gebeten werden sollen.

Noch ein Gutes im Programm der Grünen
(Gefährdungsklasse 0)

Die Idee der Bürgerversicherung, in die wirklich alle
einzahlen und deren Leistungen von allen gleichermaßen in Anspruch genommen werden, soll die
Zwei-Klassen-Medizin beenden. Das wird zwar nicht
gänzlich gelingen, wird allerdings die PKV auf die
Versicherung reiner Zusatzleistungen reduzieren.

Dass die Ausgestaltung im Einzelnen viele Probleme
mit sich bringen wird, unter anderem bei der Sicherstellung der Wirtschaftlichkeit von Arztpraxen und
Krankenhäusern, wenn die Zusatzhonorare der Pri-
vatpatienten entfallen, sollte dabei nicht als Hinder-
nis, sondern als Ansporn angesehen werden.

Wohnungspolitik
(Gefahrenklasse 3)

Wenn jemand Hand ans Grundgesetz legen will,
schrillen die Alarmglocken. Wenn die Grünen ein
Recht auf Wohnen ins Grundgesetz schreiben und
ein „Nationales Aktionsprogramm" zur Vermeidung
und Bewältigung von Wohnungs- und Obdachlosig-
keit auflegen wollen, kann das nur schiefgehen, und
schiefgehen heißt in diesem Fall, dass am Ende nur
ein Wohnraumbewirtschaftungsgesetz herauskommen kann.

Grüne Wohnvorstellungen beginnen noch relativ
harmlos damit, dass Mietrückstände, die heute dem
Vermieter unter bestimmten Umständen die

Kündigung erlauben und das Recht zur Zwangsräumung geben,

> was sich dank spezialisierter Anwälte nach sehr langwierigen und teuren Prozeduren, auf deren Kosten der Vermieter in aller Regel allein sitzen bleibt, manchmal sogar durchsetzen lässt,

dadurch als Kündigungsgrund entfallen, dass die Kreditanstalt für Wiederaufbau solchen Vermietern, die auf die Mieteinnahmen angewiesen sind, eine staatliche Unterstützung zuweist. Wie das bei anderen Vermietern geregelt sein soll, und ob die KfW-Zahlungen als Zuschüsse oder als Darlehen daherkommen, bleibt im Programmentwurf noch unklar. Unklar bleibt auch, wie die Grünen ein öffentliches Bundes-Wohnbauprogramm finanzieren wollen, mit dem sie eine Million (1.000.000) zusätzlicher und zugleich günstiger Mietwohnungen innerhalb von 10 Jahren in den Ballungsräumen aus dem Boden stampfen wollen. Unter Berücksichtigung der hohen Grundstückspreise in den Ballungsräumen wird das ein Investitionsvolumen von eher mehr als 250 Milliarden Euro umfassen, das sich, wenn die Mieten bezahlbar bleiben sollen, auch über 50 Jahre aus den Mieteinnahmen nicht refinanzieren lässt.

Es ist schon heute absehbar, dass dieser Plan unter den Vorbehalt fallen wird, mit dem die Grünen ihr Programm vorsorglich abgesichert haben, der da auf der hundertfünfunddreißigsten von 136 Seiten zu finden ist:

„Wir können nicht versprechen, dass jedes einzelne Projekt genau so Wirklichkeit wird. Wir können nicht versprechen, dass niemand durch Klimaschutz belastet wird. Wir können nicht versprechen, dass nach Corona jedes unserer Projekte noch finanzierbar ist."

Dieses Wohnungsbauprogramm darf getrost vergessen werden, denn um den Mangel an Wohnungen auch anders zu kompensieren, haben die Grünen den berühmten „Doppelten Boden" eingebaut. Und der sieht so aus, dass die Mietpreisbremse schärfer angezogen werden soll.

Mieterhöhungen von maximal 2,5% jährlich klingt ja noch gut, aber auf Basis von Mietpreisspiegeln, in welchen die Mietverträge der letzten 20 Jahre zum Maß aller Dinge erhoben werden, sind Mieterhöhungen für alle Zukunft ausgeschlossen. Erstens liegen bereits alle Mieten bei Neuvermietung deutlich über dem 20-Jahres-Durchschnitt, und zweitens: Sobald die Mieten auf diesem Niveau gedeckelt werden, ist es auf lange Zeit nicht mehr möglich, noch jemals darüber hinaus zu gelangen. Das mag die Bestandsmieter erfreuen, und jene, denen nach dem Tod der Altmieter die Wohnung vom Wohnungsamt neu zugewiesen wird, ebenfalls.

Den privat finanzierten Wohnungsbau wird es jedoch ebenso vollständig zum Erliegen bringen, wie jegliche Modernisierung und Renovierung im Bestand. Und das vollkommen unabhängig von den weiteren Folterwerkzeugen für Vermieter, die sich die Grünen wie Giftpfeile in den Köcher gesteckt haben:

- Geldwäsche- und Spekulationsprävention im Wohnungsmarkt per „Immobilienregister der Eigentümer", kostenfreie Grundbucheinsicht, Bargeldverbot beim Immobilienkauf[1]
- Unterbindung der Spekulation mit Bauland, zum Beispiel durch Bebauungspflichten und andere Eingriffe ins Eigentumsrecht.
- Verbot von Fehlnutzung und spekulativem Leerstand von Wohnraum
- Noch eine neue Behörde!
  Die „Bundesanstalt für Immobilienaufgaben" soll in einen gemeinnützigen Bodenfonds umgewandelt werden, der Bauland aufkauft und es an gemeinwohlorientierte Träger überträgt[2]
- Erhöhung der Grundsteuersätze für große Wohnungsbauunternehmen, Absenkung für private Käufer[3]

---

[1] Eine erfrischende Idee. Wenn beim Immobilienkauf Bargeld eingesetzt wird, dann ist der Betrag dieser Zahlung üblicherweise im notariell beurkundeten Kaufpreis <u>nicht</u> enthalten und tritt auch sonst nirgends in Erscheinung. So lässt sich – neben dem Reinwaschen schmutzigen Geldes auch noch so mancher Tausender an Grunderwerbsteuer sparen.

[2] Dieser Schuss könnte nach hinten losgehen und die Grundstückspreise in die Höhe treiben. Die Nachfrage auf dem Grundstücksmarkt ist damit ja nicht verschwunden, und jeder zusätzliche Nachfrager treibt den Preis, auch wenn er Bundesbodenfonds heißt.

[3] Wer sich erinnert, dass die Grünen den Eigenheimbau total verbieten wollen, fragt sich, was von dieser Idee am Ende übrigbleibt – doch wohl nur die Erhöhung der Grundsteuer für Wohnungsbauunternehmen!

- Mit einem Gebäude-Ressourcengesetz sollen die jetzt schon nicht mehr überschaubaren Bauvorschriften um weitere ergänzt werden. So soll schon beim Bau das Recycling (das irgendwann in fünfzig bis hundert Jahren fällig wird) planerisch und genehmigungstechnisch berücksichtigt werden. Zudem setzen die Grünen (vermutlich zur Eindämmung des Waldsterbens) auf eine „Holzbau-Strategie“

Regionen und Kommunen
(Gefahrenklasse 2)

Noch ein Anlass, das Grundgesetz zu verändern.

Im Prinzip treffen wir hier wieder auf ein „Gleichstellungs-Thema“. Dass es Unterschiede zwischen dem urbanen Leben und dem Landleben gibt, wobei beides sowohl Vor- als auch Nachteile mit sich bringt, ist eine Tatsache, die durchaus zunächst einmal vollkommen wertneutral zur Kenntnis genommen werden sollte. Wanderungsbewegungen zwischen Stadt und Land sind ein starkes Indiz dafür, dass die Abwägung zwischen diesen Vor- und Nachteilen von unterschiedlichen Menschen mit unterschiedlichen Interessen individuell praktisch tagtäglich vorgenommen und in entsprechendes Handeln umgesetzt wird.

Dem soll nun mit der im Grundgesetz zu verankernden Bund-Länder-Gemeinschaftsaufgabe „Regionale Daseinsvorsorge“ ein Ende gemacht werden.

Denn wenn „individuelle Entfaltung, demokratische Teilhabe und gesellschaftliches Engagement überall im Lande" (gleichermaßen?) möglich sein sollen, werden die Vorteile des Stadtlebens, wie auch des Landlebens geringer, während sich die Nachteile beider Lebensarten überall ausbreiten.

Ein ganzer Blumenstrauß von Vorschlägen, Forderungen und Maßnahmen wird hier im Programmentwurf ausgebreitet, die alle eines gemeinsam haben: Sie kosten Geld, das nicht verfügbar ist, und ob sie etwas verbessern, steht in den Sternen. Letztlich entscheiden nicht der Marktplatz, das Familienzentrum oder die Stadtteilbibliothek, der Skatepark oder der Kulturbahnhof darüber, auch nicht der Dorfladen und das Glockengeläut der Kirche darüber, ob ein Stadtteil oder eine ländliche Siedlung attraktiv sind, sondern die Menschen, denen die Summe dessen, was sie in ihrer Lebensumwelt vorfinden gefällt, oder eben nicht gefällt.

Selbst „Mindeststandards" in wichtigen Versorgungsbereichen, wie Gesundheit, Mobilität und Breitbandverfügbarkeit, die von den Grünen angestrebt werden, sind eben nur Mindest-Standards und damit im Zweifelsfall immer ungenügend.

Mehr als dieses noch zu definierende „Mindeste" ist aber wirtschaftlich nicht darzustellen, wo doch schon das „Mindeste" nur mit Zuschüssen am Leben zu erhalten ist.

Dass Kommunen verschuldet sind, hat sehr viel mit der Verteilung von Lasten einerseits und Steueraufkommen andererseits zu tun. Hier ist die

Gewerbesteuer ein Damoklesschwert, das über den reichen Gemeinden ebenso hängt, wie über den armen, doch statt hier anzugreifen, und die Gemeindesteuer in einen gemeinsamen Topf zu stecken, aus dem sie nach einem Schlüssel, in dem die Einwohnerzahlen eine wichtige Rolle spielen, auf die Gemeinden zu verteilen, wollen die Grünen die Gemeinden lieber von Altschulden befreien, ein Ansatz, der übrigens auch von Olaf Scholz, SPD, präferiert wird, und – Fördermittel über die Kommunen ausgießen, um Klimaschutz, Verkehrswende und, sollte dann noch Geld im Topf sein, auch Kultureinrichtungen voranzubringen.

Natürlich muss auch dies mit einer neuen Behörde, der „Gemeinsamen Kompetenzagentur für Förderpolitik und Investitionen" unterfüttert werden.

Auch die Rettung der Innenstädte liegt den Grünen am Herzen. Autofrei sollen sie sein und dem Einzelhandel eine sichere Zukunft bieten. Schönere Städte, wollen sie haben, die Grünen, mit mehr Stadtgrün und mehr Wasserflächen, damit man auch die Klima-Erhitzung in den Städten überstehen kann.
Und wo das alles nicht reicht, wird über das Baurecht und das Gewerbewohnrecht dafür Sorge getragen, dass kleinere Gewerbe, Kulturprojekte, Clubs und Handwerker mitten in der Stadt nur so viel Miete zahlen müssen, wie sie aufbringen können.

Das heißt, ins Reine gesprochen, die Verkiezung der Innenstädte soll vorangetrieben werden.

Es fehlt eigentlich nur noch der Aufruf zur Hausbesetzung, falls so ein „Kulturprojekt" absolut nicht gewillt sein sollte, eine Miete zu entrichten.

Kita, Schule, Rechtsansprüche
(Gefahrenklasse 2)

Auch hier gilt: Die Gefahrenklasse 2 wird einzig deshalb vergeben, weil nach den kostspieligen Versuchen, die dringlichsten Sehnsüchte der Grünen zu befriedigen, auch ihnen am Ende das Geld dafür fehlen wird.

Lassen wir Gedanken daran beiseite, wodurch der wachsende Bedarf an KiTa-Plätzen und Schulen ausgelöst wird. Das gäbe ein eigenes Buch für sich. Es gibt ein rein quantitatives Problem, das schon für sich allein unlösbar ist: Es fehlen, mehr noch als die baulichen Voraussetzungen, vor allem die Erzieherinnen und Erzieher, die Lehrerinnen und die Lehrer, um einem „Bundesqualitätsgesetz" wie es den Grünen vorschwebt, genüge tun zu können.

Mit Lohnanreizen alleine ist das nicht getan. Die Berufe der Lehrer und Erzieher werden dadurch zunehmend unattraktiv, dass sie – im Verhältnis zu den Kindern – in einer so schwachen Rolle sind, dass gegen den Willen der Kinder in immer mehr Klassen ein regulärer Unterricht gar nicht mehr durchgeführt werden kann. Politische Vorgaben und Forderungen nach Integration und Inklusion haben einen nicht geringen Teil dazu beigetragen, dass selbst engagierteste Menschen nach wenigen

Jahren entmutigender Erlebnisse das Handtuch werfen oder dem Burn-Out zum Opfer fallen.

Dies alles wird von den Grünen vollständig ignoriert. Stattdessen liest sich der Programmentwurf zum Rechtsanspruch auf einen Ganztagsplatz für jedes Grundschulkind wie das Ergebnis eines Brainstormings, von dem die Teilnehmer irrtümlich annehmen, die Misere wäre dann aus der Welt geschafft, wenn ihnen nichts mehr einfällt, was sie noch vorschlagen könnten.

Kleine Kostprobe:

- Motivierte Fachkräfte
- Gut ausgestattete Räume
- Zeit für gemeinsames Lernen und Spielen, Forschen und Entdecken
- Gemeinsame kulturelle, soziale und demokratische Erfahrungen
- Sprach- und Bewegungsförderung
- Individuelle Betreuung und Hausaufgabenhilfe
- Genügend Fachkräfte
- Multiprofessionelle Teams
- Anregende Räume und Schulhöfe
- Gesundes Mittagessen
- Breit gefächerte Zusammenarbeit mit Sportvereinen, Musikschulen und anderen Akteuren vor Ort
- Anspruch auf Integrationshelfer
- Das wird ein gesamtdeutscher Kraftakt, der Bund muss sich an den Kosten beteiligen
- Inklusive Orte der Ganztagsbildung

- Begleitprogramm zur Förderung von Schulentwicklungsprozessen
- Koordinierungsstellen fördern
- Bildungsrettungsschirm für Kinder wegen Corona
- Bund-Länder-Modellprogramm mit Budgets für jede Schule
- Bildungslotsen aus Studentenschaft und Pensionären rekrutieren
- ....?

Jeder einzelne dieser Punkte ist ein riesiger Problemkreis. Zu keinem gibt es eine adäquate Problemlösung.

Beim Themenkreis „Digitalisierung der Schulen" sieht die Liste der Vorschläge kaum anders aus. Auf die Aufzählung kann verzichtet werden. Kennst du eine Sprechblasensammlung, kennst du alle.

Das setzt sich im Programm so fort, bis zum Kapitel Wissenschaft und Forschung.

Sie wollen die „Industriegesellschaft sicher ins Zeitalter der Klimaneutralität" führen, die „sozial-ökologische Marktwirtschaft" entwickeln, der „Globalisierung klare Regeln" setzen. „Ungleichheit" soll verringert beziehungsweise abgeschafft werden, und zwar fast überall: zwischen den Geschlechtern, zwischen Stadt und Land, zwischen Einwanderern und Staatsbürgern. ...

Peter Helmes

3 – Des Pudels hammerharter Kern

Lange bevor der Mensch die Erde betrat, hatten vermutlich die Meeresalgen dafür gesorgt, dass die Zusammensetzung Atmosphäre sich in Richtung einer Kombination entwickelte, die seit etwa 500 Millionen Jahren jene Lebensformen begünstigt, deren Nachfahren noch heute die Erde besiedeln.

Lange bevor der Homo Sapiens die Fähigkeit erworben hatte, große Mengen Kohlendioxid durch Verbrennung fossiler Energieträger freizusetzen, haben sich sowohl die CO2-Konzentrationen in der Atmosphäre, wie auch die Durchschnittstemperaturen, also das, womit heute das „Klima" beschrieben wird, immer wieder verändert. Eiszeiten und Warmzeiten, Temperatur-Minima und Maxima wechselten sich ab, manchmal innerhalb kürzester Zeiträume, manchmal allmählich und schleichend.

Klima-Archäologen sehen die Ursache dafür in wechselnden Aktivitätsphasen der Sonne, wodurch die Menge der auf die Erde gelangenden Energie in mehreren, sich überlagernden Zyklen Schwankungen unterworfen wird, die sich in irdischen Klimaveränderungen äußern.

Menschen können in fast allen Klimazonen der Erde dauerhaft autark überleben. Menschen in Europa haben in der mittelalterlichen Warmzeit ein Aufblühen von Kunst, Kultur, Handel und Wandel hervorgebracht, nicht anders als die Römer in der sie begünstigenden Warmzeit um die Zeitenwende.

Kaltzeiten, wie zuletzt die kleine Eiszeit, die von Anfang des 15. Jahrhunderts bis in die Mitte des 19. Jahrhunderts herrschte, brachten Ernteausfälle, Hunger, Kriege und Seuchen hervor, aber – und darauf kommt es hier an: Die Menschen haben auch dies ungünstigen klimatischen Umstände überstanden.

Von alledem liest man im Programmentwurf der Grünen nichts.

Eine weltweit verbreitete Klimaangst steigert sich zur Klimapanik, weil die weltweiten Durchschnittstemperaturen seit der kleinen Eiszeit immer noch ein bisschen ansteigen.

Die Grünen bilden in Deutschland quasi die Speerspitze der Massenpanik und sind überzeugt, dass diejenigen Wissenschaftler, die beauftragt wurden, den Beweis zu führen[4], dass der momentane

---

[4] Das war genau die Aufgabe des IPCC: Nachzuweisen, dass der Klimawandel menschengemacht, und durch den Anstieg des CO2 in der Atmosphäre verursacht ist.

Klimawandel „menschengemacht" sei, mit ihrer Argumentation richtig liegen, während jene Wissenschaftler, die es wagten, Gegenargumente vorzutragen, als Klimaleugner aus der Debatte ausgeschlossen wurden.

In einer Folge von Klimakonferenzen einigten sich die Staaten dieser Welt zuletzt im Jahre 2015 darauf, den Anstieg der Durchschnittstemperaturen gegenüber der vorindustriellen Zeit auf deutlich unter 2,0 Grad möglichst unter 1,5 Grad Celsius begrenzen zu wollen. Dazu müssten sämtliche Staaten der Welt zwischen 2045 und 2060 ihre CO_2-Emissionen auf null herunterfahren, und sollte es nicht gelingen, anschließend noch große Mengen CO_2 aus der Atmosphäre zu filtern, müssten die Null-Emissionen schon bis 2040 erreicht sein.

Die Aussichten, diese „CO_2-Ziele" zu erreichen, sehen nicht besonders günstig aus. Die Wahrscheinlichkeit, dass sich das Weltklima von CO_2-Ersparnissen überhaupt beeindrucken lässt, wird von vielen der verfemten Klimawissenschaftler als ausgesprochen gering eingeschätzt. Die Frage, ob die Folgen des Klimawandels nicht mit Anpassungsmaßnahmen einfacher und mit geringerem Aufwand bewältigt werden könnten, wird ebenso wenig gestellt, wie die Frage, ob der Nutzen der Klimaerwärmung und einer höheren CO_2-Konzentration, verbunden mit deutlich besseren Bedingungen für die Vegetation, den befürchteten Schaden nicht übersteigen würde.

Der klimagerechte Wohlstand
(Gefahrenklasse 3)

Wenn 100 Prozent Wohlstand als Wohlstand gelten, wie viele Prozent Wohlstand sind dann in einem klimagerechten Wohlstand zu erwarten?

Er muss ja verändert werden, der Wohlstand, um klimagerecht zu werden. Diese Veränderungen gehen mit Verzicht auf gewohnte Annehmlichkeiten einher. Auf was müssen wir uns einstellen, wenn grüne Klimaschutzpolitik Realität werden sollte?

Deutschland hat sich, in Verfolgung der Klimaschutzvereinbarung von Paris, das Zwischen-Ziel gesetzt, seine CO_2-Emissionen bis 2030 gegenüber dem Referenzjahr 1990 um mindestens 55 Prozent zu senken.

40 Prozent wurden, vor allem mit Hilfe der Mobilitätseinschränkungen wegen Corona, im Jahr 2020 – mit Ach und Krach – gerade so erreicht.

Klimaziel der Grünen für Deutschland: CO_2-Reduktion bis 2030 um 70 Prozent, also eine Verdoppelung der in diesem Jahrzehnt noch zu erbringenden Anstrengungen. Wobei „Anstrengungen" das Problem nicht trifft. Denn diese Anstrengungen werden für uns alle verheerende Folgen haben, die an dieser Stelle mit den Stichworten „De-Industrialisierung", „Unsichere Energieversorgung", „Mobilitätseinschränkungen" und „steigende Arbeitslosigkeit" nur knapp angerissen werden. In den entsprechenden Abschnitten werden sie detaillierter begründet.

Das Wahlprogramm der Grünen schleicht sich unter der Überschrift „Mehr Lebensqualität und Klimaneutralität" mit Euphemismen in die Köpfe der potentiellen Wähler ein. Wo ganz oben drüber noch klimagerechter *Wohlstand* steht, ist im Text schon nur noch von mehr *Lebensqualität* die Rede.

Dass die individuelle Mobilität den Klimazielen weitgehend geopfert werden muss, dichten die Grünen zu „*Städten mit weniger Staus und Abgasen*" um, mit viel Platz um Radfahren in den autofreien Städten, wo man dann sicherer auch zu Fuß gehen und auf den Straßen spielen kann.

Und weil das noch nicht Lebensqualität genug ist, fabulieren sie in den klimagerechten Wohlstand gleich noch Wälder hinein, in denen auch die Kinder noch die Schönheit der Natur entdecken können, obwohl sie gleichzeitig für ihre Windräder gewaltige Löcher in die Wälder schlagen müssen, auch um ihre „Holzbau-Strategie" mit billigem Bauholz zu versorgen und die Holz-Pellets-Heizungen, die sie statt der Öl- und Gasheizungen gerade noch zulassen wollen, mit Brennstoff zu versorgen.

Klimagerechter Wohlstand soll sich auch in gesundem Essen, unter Wahrung von Tier- und Umweltschutz niederschlagen, obwohl sie gleichzeitig der deutschen Landwirtschaft mit einer ganzen Reihe von Maßnahmen das Wasser abgraben wollen.

Klimagerechter Wohlstand soll es sein, wenn endlich auch die Dörfer an den öffentlichen Nahverkehr angebunden sind, obwohl mehr als eine Minimalversorgung, wie sie heute schon vorhanden ist (ein Bus fährt morgens um 6.30 zum nächsten Bahnhof. Rückfahrgelegenheit gibt es nachmittags 17.22 Uhr) mangels Auslastung nicht möglich sein wird.

Klimagerechter Wohlstand wird es sein, wenn in allen Dörfern mit den schönen neuen Dorfläden und Kulturhäusern der Infraschall der Windturbinen zu spüren ist, wenn die Schatten der Rotorblätter das Sonnenlicht in eine Stroboskoplampe verwandeln und, wo einst auf den Höhen der Berge Bäume standen und Wildtiere ihr Revier, Vögel ihre Nester hatten, die Kadaver geschredderter Vögel in der Landschaft liegen und Milliarden zermatschter Insekten eine Schmierschicht an den Rotorblätter bilden, die dann regelmäßig mit gesundheitsschädlichen Substanzen unter Einsatz gewaltiger Maschinen entfernt werden müssen, um die Energieausbeute hoch halten zu können.

Klimagerechter Wohlstand wird es sein, wenn in Deutschland alle mit fossilen Energieträgern betriebenen Kraftwerke abgeschaltet sind, während ringsum in der Welt hundert mal mehr neue Kohlekraftwerke in Betrieb gehen, als wir überhaupt abschalten können, und es für die Autos keine Benzin- und Dieseltankstellen mehr geben wird, wenn die Öltanks der Zentralheizungen leer bleiben, für Flugzeuge kein Kerosin mehr verfügbar ist und die Industrie Prozesswärme nicht einmal mehr aus Erdgas herstellen darf. Dann nämlich, und das ist nach dem Willen der Grünen 2030 schon weitgehend vollendet, wird Deutschland ein Energiemangelland sein, dessen „installierte" Leistung der so genannten „Erneuerbaren Energien" den Bedarf zwar weit überschreiten würde, wenn die effektive Leistung nicht davon abhängig wäre, dass Sonne und Wind gleichzeitig kräftig scheinen und wehen. Wir werden Stunden haben, in denen Energie im Überfluss da wäre, in denen die Anlagen aber vom Netz genommen werden müssen, um den Zusammenbruch des Stromnetzes zu vermeiden, und wir werden Stunden haben, in denen das bisschen Energie aus Wasserkraft und Biogasanlagen gerade genügen würde, um ein Zehntel des Energiebedarfes zur Verfügung zu stellen, wenn das Netz nicht vorher zusammengebrochen wäre.

Es geht nicht ins grüne Hirn hinein, dass aller Zubau an Solaranlagen und Windkraftanlagen nur dazu führt, dass bei günstigen Wetterlagen mit viel Sonnenschein und Wind, mehr Strom anfällt als gebraucht wird, dass aber noch so viele Anlagen nicht dafür sorgen können, dass sie von der Sonne beschienen oder vom Wind angeweht werden. Die Multiplikation mit null ergibt null. Dass die Ausprägungen der diskriminierungsfreien Ethno-Mathematik möglicherweise zu anderen Ergebnissen kommen, ist dabei irrelevant. Stromerzeugung mit Solar- und Windkraftanlagen ist bei Dunkelflaute einfach nicht möglich – egal ob man rechnen kann oder nicht.

Es geht nicht ins grüne Hirn hinein, dass der Vollausbau der Erneuerbaren Energien immer auf ein Backup-System konventioneller Kraftwerke mit einer Kapazität von 60 bis 65 Gigawatt zurückfallen können muss, so dass wir also zwei redundante Energieerzeugungs-Systeme vorhalten müssen, um das bevorzugte überhaupt ohne erhebliche Black-out-Gefahr in Betrieb nehmen zu können.

Der Verweis auf die Möglichkeit, im europäischen Verbundnetzt ja jederzeit Strom zukaufen zu können, ist fahrlässig. Erstens ist man überall in der Klimaziel-EU auf diese Idee gekommen und reduziert die vorhandenen konventionellen Kapazitäten, und zweitens sind weite Teile der EU bei Nacht gleichzeitig dunkel und tagsüber oft gleichen Wind- und Sonnenscheinbedingungen ausgesetzt.

Die Sicherheit unseres Industriestandortes hängt also nicht, wie die Grünen behaupten, am massiven Ausbau der Erneuerbaren, sondern an ausreichenden konventionellen Reservekapazitäten.

Das ist aber auch die Garantie dafür, dass die Strompreise weiter steigen werden müssen.

Noch ein grüner Euphemismus: Während Wirtschaftsminister Altmaier begriffen zu haben scheint, dass es im gesamten Szenario, vor allem auch wegen des zügigen Ausbaus Elektromobilität, wofür ja noch gar keine Stromerzeugungskapazitäten existieren, zu Strom-Rationierungen kommen wird, die er als „Spitzenglättung" bezeichnet, reden die Grünen davon, dass man Verteilnetze und Verbraucher mit intelligenter Technik ausrüsten will, damit sie flexibel reagieren können, wenn gerade *viel* Strom angeboten wird. Wie der klimagerechte Wohlstand aussehen wird, wenn gerade *wenig* Strom verfügbar ist, darüber schweigen sie sich aus.

Der Ordnungsrahmen
der sozial-ökologischen Marktwirtschaft
(Gefahrenklasse 3)

Zehn Zeilen und ein Fliegenschiss. Das ist alles was uns Bürgern von den Grünen zum Umbau der Reste des Systems der Sozialen Marktwirtschaf in eine sozial-ökologische Marktwirtschaft zusammenfassend angeboten wird.

In diesen zehn Zeilen kommt der Begriff „Sozial" jedoch weder wörtlich vor, noch deuten die spärlichen Ausführungen in irgendeiner Weise auf eine soziale Ausrichtung hin.

Die sozial-ökologische Markwirtschaft ist ein Marketing-Begriff, der mit dem Prädikat „Etikettenschwindel" noch höflich charakterisiert ist.

Was sich aus dem Text herauslesen lässt, kann so zusammengefasst werden: Die Wirtschaft wird der Klimaneutralität untergeordnet. Ihr werden „ehrgeizige Vorgaben in Form von CO2-Reduktionszielen und Produktstandards" auferlegt, was ihr „Planungssicherheit" verschafft, weil sie – die Wirtschaft – dann zumindest weiß, was nicht mehr geht. Das wird die Wirtschaft auch an den öffentlichen Beschaffungsaufträgen spüren, die konsequent nur noch auf die ressourcenschonendsten Produkte und Dienstleistungen ausgerichtet sein werden.

Indem wir unsere Wirtschaft auch mit gezielter Förderung für klimagerechtes Wirtschaften und klimagerechte Digitalisierung von allen Entwicklungen abkoppeln, die nicht mit dem Klimaparadigma vereinbar sind, machen wir sie zum Spitzenreiter der modernsten Technologien und schützen unsere natürlichen Lebensgrundlagen. Erinnert ein bisschen an die Amish-People in den USA. Die modernsten Technologien sind immer die, die wir verwenden … alles andere ist Teufelswerk.

Das wars.

Neue Arbeitsplätze
(Gefahrenklasse 3)

Falsche Prämissen führen zu falschen Ergebnissen.

Die Prämisse, dass sich alle Welt um deutsche Klimaschutztechnologien und klimaneutrale Produkte reißen wird, ist eine durch nichts gesicherte Prämisse. Es ist weder klar, ob der Trend des Klimawandels nicht bereits schon gebrochen ist, noch ist klar, ob sich die großen Volkswirtschaften China, USA, Russland und Indien wirklich an die Klimaziele gebunden fühlen und ihr Geld für „Klima-Schnick-Schnack, Made in Germany" ausgeben werden. Und wenn alle Stricke reißen, ist absolut nicht klar, ob China nicht – schneller als Deutschland – mit den besseren und preiswerteren Produkten auf dem Markt sein wird.

Wissenschaft, Forschung, Technologie und Anwendungsprodukte gedeihen dort am besten, wo man sich interdisziplinär in der Arbeit an den unterschiedlichsten Zielen gegenseitig Anregungen geben kann. Die Monokultur einer von der Klima-Manie erfassten deutschen Forschungs- und Wirtschaftslandschaft wäre da zumindest suboptimal.

Grünes Ziel ist aber der „klimaneutrale Umbau" der deutschen Wirtschaft, was zusammen mit einer ambitionierten Klimaschutzpolitik die beste Chance sei, Arbeitsplätze zu erhalten und neue zu schaffen.

Daraus sollen in den nächsten Jahren *„Hunderttausende neue Jobs entstehen – Green Jobs."*

Dass in den nächsten Jahren voraussichtlich Millionen bestehender Jobs verloren gehen,

- weil wir die Automobilindustrie verlieren werden, weil Deutschland im Umfeld der E-Mobilität nie jenen Nimbus erreichen kann, wie im Umfeld der hochgezüchteten, leistungsstarken und zuverlässigen Verbrennungsmotoren, weil Deutschland damit auch als Produktionsstandort für Luxuslimousinen und -Sportwagen schlicht zu teuer sein wird, weshalb die Produktion in die Abnehmerländer, vor allem USA und China, oder in Niedriglohnländer wie Mexiko oder Vietnam verlagert wird,
- weil wir die Stahlindustrie und damit die Schwerindustrie und den Schiffbau verlieren werden, weil der „Wasserstoffstahl" so schnell nicht produktionsreif, und auch die Wasserstoffversorgung keineswegs gesichert sein wird, und die Strompreise, trotz aller Nachlässe und Befreiungen, einfach eine wettbewerbsfähige Produktion in Deutschland nicht zulassen,

- weil wir die Aluminium-Industrie wegen der Strompreise ebenfalls verlieren werden,
- weil die Luftfahrtindustrie durch Corona schon schwer in die Krise geraten ist und durch ein Kerosin-Verbot noch tiefer hineingeraten wird,
- weil der überwiegend mittelständisch aufgestellte Maschinen- und Anlagenbau ohne die genannten Industrien, für die er als Zulieferer wichtig war, in Deutschland keine Überlebenschance mehr hat,
- und weil der Kaufkraftverlust dieser vielen hausgemachten Arbeitslosen weiter durchschlägt auf den Handel und das Handwerk,

Die alles lässt sich hinter den eventuell neu entstehenden Green Jobs kaum verbergen.

Der Sahneklecks obendrauf: *„Unser Anspruch ist, dass die neuen Jobs gut bezahlt und tarifvertraglich organisiert, sowie der betrieblichen Mitbestimmung unterliegen."*

Wer also als Unternehmer einen neuen Job schafft, muss den erst von einem grünen Polit-Kommissar genehmigen lassen, bevor überhaupt die Stellenanzeige – m/w/d – aufgegeben werden darf? Ist es das? Ist das das vermisste soziale Element in der sozialökologischen Marktwirtschaft?

Bevor die neuen Arbeitsplätze kommen, soll es zur Linderung der Transformationsschmerzen ein Qualifizierungs-Kurzarbeitergeld mit einem Recht auf Weiterbildung geben und Transformationsfonds für die schwer betroffenen Regionen. Das sind zwei hübsche Ideen, die aber in keiner Weise dem Ernst der Lage gerecht werden.

Grünes Belohnen ist Nicht-bestraft-Werden
(Gefahrenklasse 3)

Das grüne Lamento, dass klimaneutrale Produktion einfach zu teuer sei, wird bald ein Ende haben, da sie das über einen „klugen Mix aus CO_2-Preisen, Anreizen und Förderung sowie Ordnungsrecht ändern" werden.

Die Devise ist einfach: Lieber ALLES verteuern, als das zu Teure vom Markt verschwinden lassen. Dazu soll erst einmal der EU-Zertifikate-Handel reformiert, also massiv verteuert werden, und sollte das nicht gelingen, dann schafft sich der grüne Michel halt selbst einen CO_2-Mindestpreis, damit seine Wirtschaft auch noch innerhalb der EU an Wettbewerbsfähigkeit einbüßt. Und je weiter das grüne 70-%-Ziel für 2030 in die Ferne rückt, desto fester müssen halt die Daumenschrauben angezogen werden. Das liest sich im Programm dann so:

„Wir wollen die Erhöhung des CO_2-Preises auf 60 Euro auf das Jahr 2023 vorziehen. Danach soll der CO_2-Preis so ansteigen, dass er im Konzert mit den Förderungsmaßnahmen und ordnungsrechtlichen Vorgaben die Erfüllung des neuen Klimaziels 2030 absichert."

Dass die Einnahmen aus dem CO_2-Preis über ein Energiegeld pro Kopf an die Bevölkerung zurückgegeben werden sollen, steht auch im Programm. Weil

aber auch drinsteht, dass die Grünen nicht versprechen, dass sich auch alles finanzieren lässt, dürfte
dies eine der ersten Streichpositionen im klimaneut-
ralen Wohlstands-Haushalt werden.

CO2-Bremse ins Grundgesetz
(Gefahrenklasse 3)

Wieder schrillen die Alarmglocken. Warum reichen
einfache Gesetze nicht aus, die ja sowieso geschrieben und erlassen werden müssen, um *„dem Staat
mehr Möglichkeiten zu geben, durch eine intelligente
Steuergesetzgebung klimaschonendes Verhalten zu
belohnen"*, (Belohnen ist Nicht-bestraft-Werden!),
*„und die fossilen Energieträger den wahren Preis
zahlen zu lassen."*

Vermutlich reichen einfache Gesetze deshalb nicht
aus, weil die Grünen beabsichtigen, sich durch alle
angestrebten Änderungen praktisch per Grundgesetz zur alleinig verfassungskonformen Partei erheben zu lassen. Dieser Satz ist kein Scherz.

Versorgungssicherheit mit Erneuerbaren

Unter diesem ausführlich ausgebreiteten Kapitel
sind ausschließlich Pläne und Ideen zu finden, die
den Gefahrenklassen 3 bis 3+++ zugeordnet werden
müssen.

Es sind jene Maßnahmen, deren Folgeabschätzungen sich ausschließlich auf die Einhaltung der

Klimaziele beziehen und damit auf erschreckende Weise den Maßnahmen zur Bekämpfung der Corona-Pandemie ähneln, deren Folgeabschätzungen sich ausschließlich auf das Inzidenz-Ziel beschränken.

Diese vollkommen einseitige Fokussierung trägt alle Züge des religiösen Fanatismus, der von den Gläubigen verlangt, auf Erden und zu Lebzeiten strengen Lebensregeln zu folgen, Verzicht zu leisten, Schmerz und Leid mit Freuden zu tragen, um jenes Segens anteilig zu werden, der in einem fernen, unbekannten Land namens Paradies für die Eifrigsten und Treuesten ganz, ganz bestimmt, bereitgehalten wird, so sie denn unbeirrbar im Glauben bleiben.

Um eine Fülle von Wiederholungen im Text zu vermeiden, ist als Kritik – grundsätzlich und mit Gültigkeit für alle vorgesehenen Maßnahmen – festzuhalten, dass das Weltklima sich

> auch durch die allerschärfsten und so weit wie möglich vorgezogenen Maßnahmen des Verzichts, der Einschränkungen und der ruinösen Selbstkasteiung der deutschen Grünen, und sollte es ihnen gelingen, Regierungsmacht zu erlangen, dann aller davon betroffenen Deutschen,

nicht beeinflussen lassen wird.

Was beeinflusst werden kann, ist allenfalls die CO_2-Konzentration in der Atmosphäre.

Wird die reduziert, erfordert das zur Sicherstellung der Ernährungsgrundlagen der Weltbevölkerung eine Kompensation durch vermehrten Einsatz von Kunstdünger und Pflanzenschutzmitteln. Pflanzen brauchen nun mal CO2 – und je weniger sie davon bekommen, desto mickriger fällt ihr Wachstum aus und je weniger Standorte sind dann noch für ihr Gedeihen geeignet.

Außerdem sind die Grenzen des Ausbaus der Stromgewinnung aus Sonne und Wind relativ leicht festzustellen, sobald man die Klimascheuklappen für ein paar Minuten ablegt. Da die Gefahr besteht, sie hinterher nicht wieder aufsetzen zu können, verweigern sich die Grünen allerdings diesen Gedanken.

Daten zu Deutschland

Der nachstehende Auszug aus einem schon im Juni 2019 erschienen Aufsatz wird zum besseren Verständnis der Situation beitragen können:

Geografieunterricht 1942 an einer Berliner Volksschule.

Der Lehrer zeigt auf dem Schulglobus die Kontinente. Afrika, Asien, Amerika, Europa, Australien. „Und wo ist Deutschland?", fragt der kleine Fritz. „Komm mal nach vorne zum Globus", meint der Lehrer, damit du es besser sehen kannst. „Wirklich? Das ist alles?", fragt Fritzchen ungläubig, um dann nachzulegen: „Weiß der Führer das?"

Es war der mit allen Mitteln der Propaganda und Repression erzwungene Glaube an die Unendlichkeit von Ressourcen, dem sich der gesunde Menschenverstand mit solchen Witzen zu erwehren versuchte.

Ist Deutschland seither gewachsen und so groß geworden, dass nichts mehr unmöglich erscheint?

Nein. Deutschland ist seitdem nicht größer geworden, sondern auf das Format der Bundesrepublik Deutschland geschrumpft.

Wo steht Deutschland in der weltweiten Rangreihe?

Kriterien	absolute Größe	Rang
Landfläche	357.000 km²	63
Bevölkerung	82,5 Millionen	19
BIP	3,7 Billionen $	4

Export	1,75 Billionen $	3
Handelsbilanzüberschuss	275 Milliarden $	2
HB-Überschuss pro Ew. 1)	3.350 $	1

1) Rangreihe Industriestaaten, ohne Öl- und Gaslieferanten

Für diese Wirtschaftsleistung verbraucht das Land allein an elektrischer Energie jährlich 540 Terawattstunden. Der Gesamtprimärenergieverbrauch liegt bei 12.900 Petajoule, entsprechend knapp 3.600 Terawattstunden.

Interessant ist in diesem Zusammenhang die „schöne" Relation zwischen BIP und Energieverbrauch, die nicht nur eine wichtige volkswirtschaftliche Kennzahl, sondern überdies einfach zu merken ist:

1 Milliarde $ BIP ~ 1 Terawattstunde Energie
1 Million $ BIP ~ 1 Gigawattstunde
1.000 $ BIP ~ 1 Megawattstunde
1 $ BIP ~ 1 Kilowattstunde.

Selbstverständlich darf die Kilowattstunde bei einer Kostenbetrachtung nicht mit dem Preis für Haushaltsstrom angesetzt werden. Erstens, weil der Großindustrie Strompreise von deutlich unter

10 Cent pro Kilowattstunde berechnet werden, und zweitens, weil es sich hier nicht nur um den hochveredelten Energieträger Strom handelt, sondern um den Primärenergieverbrauch, in dem eben auch die fossilen Energieträger (Uran, Kohle, Gas und Öl), auch wenn sie nicht in Strom umgewandelt, sondern in Heizungen oder Automotoren verbrannt werden, berücksichtigt sind.

Nimmt man an, dass die Kosten des Primärenergie-Einsatzes bei etwa 5 Euro-Cent pro KWh liegen, dann bedeutet das, hochgerechnet auf die gesamte Volkswirtschaft und ein Jahr, dass die

Kosten für den Primär-Energie-Einsatz Deutschlands p.a. bei knapp 200 Milliarden Euro liegen und damit etwa 5 Prozent des BIP ausmachen.

Die Pläne der Bundesregierung, den Primär-Energie-Einsatz drastisch zu reduzieren,

> um 20 Prozent bis 2020
> (was Dank Corona knapp gelungen ist)

> um 50 Prozent bis 2050
> (was weiterhin angestrebt wird),

sind gelinde gesagt verwegen, selbst dann, wenn kein Wirtschaftswachstum angestrebt würde.

Wirkungsgrade von Maschinen lassen sich zwar nahe an 100% heranbringen, den dafür erforderlichen, exponentiell steigenden Aufwand einmal ausgeklammert, aber sie lassen sich eben nicht über 100% steigern, denn dann hätten wir das Perpetuum mobile, das nach dem heutigen Stand der Ingenieurswissenschaften hinter der unüberwindlichen Grenze zwischen der Endlichkeit des Möglichen und der Unendlichkeit des Unmöglichen angesiedelt ist.

Der Ausweg ist weder in der Heizungstechnik noch in der Gebäudedämmung zu finden und auch nicht im Verkehr. Hier sind die Möglichkeiten weitgehend ausgereizt. Selbst ein Kaminofen mit Holzbefeuerung erreicht heute einen Wirkungsgrad von annähernd 90 Prozent und gibt nur 10 Prozent der im Holz gespeicherten Energie über den Schornstein nach außen ab. Ganz ohne

Abzug ist eine Verbrennung aber unmöglich, so dass die Grenze des Möglichen schon erreicht scheint.

Verbrennungsmotoren schneiden da deutlich schlechter ab. Rund 2/3 der Energie gehen durch den Auspuff und als Abwärme vom Motorblock verloren.

Die Elektromobilität scheint da mit besseren Ergebnissen aufzuwarten, doch vor dem Antrieb mit Strom steht die Erzeugung von Strom, und die kommt bei den modernsten Kraftwerken[5], die mit fossiler Energie arbeiten auf 50, bei modernen Gaskraftwerken vielleicht auf 60 Prozent, was ein bisschen auch von der Last abhängig ist.

Am Motor des E-Autos kommen also schon nur noch 50% der ursprünglich eingesetzten Energie an. Mit einem Wirkungsgrad von annähernd 90 Prozent ist der Unterschied zum Diesel oder Benziner schon fast dahingeschmolzen – und wenn man die Fahrzeug-Heizung in die Rechnung einbezieht, die beim Verbrenner mit Abwärme „umsonst" betrieben wird, beim E-Auto allerdings zusätzlichen Strom schluckt, ist faktisch Gleichstand hergestellt.

Dass Strom aus erneuerbaren Energiequellen aus dem Primärenergiebedarf herausgerechnet werden könne, weil die Sonne umsonst scheint und

---

[5] Soll Strom aus „Erneuerbaren" rechnerisch in Ansatz gebracht werden, muss er an anderer Stelle aus der Betrachtung ausgeklammert werden. Die Stromerzeugungskapazitäten für die E-Mobilität gibt es nämlich schlicht nicht.

dieser Strom also preiswerter wäre, ist bis heute nicht nachgewiesen. Zwar sinken an den Strommärkten die Preise immer dann, wenn bei Sonnenschein ein frischer Wind weht, bis hin zu negativen Preisen, wenn also die Abnehmer noch Geld dafür bekommen, den Strom abzunehmen.

Doch die Preisbildung ist eine Frage von Angebot und Nachfrage und lässt einen Rückschluss auf

die Erzeugungskosten nicht zu.

Die Kosten der Energie aus erneuerbaren Quellen sind eine Frage des Stromertrags während der Nutzungsdauer, im Verhältnis zum Investitionsaufwand, zu den Betriebskosten, sowie dem Aufwand für die Bereitstellung der zusätzlichen Netzinfrastruktur, die auch nicht kostenlos vom Himmel fällt. Dass die notwendigen Kapazitäten für die angestrebte, 100%ige E-Mobilität noch nicht existieren, noch nicht einmal auf dem Reißbrett, sei nur am Rande erwähnt.

Die Dämmung von Gebäuden ist weit fortgeschritten. Von den rund 16 Millionen Einfamilienhäusern in Deutschland wurden seit 2000 rund 5 Millionen energetisch saniert, Neubauten seit 2000 dürften schon beim Bau gedämmt worden sein, viele ältere Häuser in Ziegel-Massivbauweise, aber auch Fertighäuser erfüllen auch ohne nachträgliche Dämmung die Wärmeschutzkriterien – und die großen Wohnungsbau-Unternehmen dämmen, wo immer es geht, weil dies eine legale Form der Mieterhöhung ermöglicht, die auch nach der

Amortisation der Maßnahme nicht wieder rückgängig gemacht wird – sprich: Die Mieter zahlen

die Dämmung nicht einmal, sondern zwei, drei und viermal – zur Freude der Wohnungseigentümer.

Modernere Windräder sind auf eine Leistung von durchschnittlich 5 Megawatt ausgelegt – Offshore-Anlagen eher etwas mehr, im Binnenland eher etwas weniger. Die angesagte Dekarbonisierung müsste also, um die derzeit 3.600 Terrawattstunden durch Windräder hervorzubringen, grob gerechnet täglich 10 Terrawattstunden erzeugen und unter Berücksichtigung der wechselnden Lastverhältnisse und der wechselnden Windverhältnisse mindestens 1,2 Terrawatt Kapazität vorhalten, um bei mäßigem Wind und Spitzenlast im Netz ausreichend Strom produzieren zu können.

Dafür wären rund 250.000 große Windräder erforderlich, also im Prinzip alle 1,5 Quadratkilometer ein großes Windrad – auch mitten in den Großstädten und Ballungsräumen, sonst wird es auf dem flachen Land noch enger.

Mit der 10-H-Regelung, die besagt, dass der Abstand von einem Windrad zur nächsten Siedlung mindestens die 10-fache Höhe betragen muss, ist das schon nicht mehr zu schaffen, denn so ein Windrad ragt schon (Turm + Rotorblatt) um die 200 Meter in die Höhe, 2 Kilometer Abstand ringsum ergeben schon gut 12 Quadratkilometer – und wo ist in Deutschland eine Siedlung von der nächsten schon mehr als 4 Kilometer entfernt?

Jede Wanderkarte liefert den schlagenden Beweis, dass dies eher eine sehr seltene Situation ist.

Wieder ein Punkt, an dem der Hinweis angebracht erscheint, dass der Holzweg der unendlichen erneuerbaren Energiegewinnung schnell und unbarmherzig hinter die Grenze zwischen der Endlichkeit des Möglichen und der Unendlichkeit des Unmöglichen führt.

Die hilfreiche Anmerkung, es gäbe ja neben der Windenergie auch noch die Photovoltaik-Anlagen hat gleich zwei markante Mängel, die auf den gleichen Holzweg zustreben. Der erste liegt darin, dass die Photovoltaik nachts gar keinen Strom erzeugt, der zweite ergibt sich hier ebenfalls aus dem Flächenbedarf.

1 Quadratmeter Solarpanel liefert bei durchschnittlicher Besonnung übers Jahr gesehen etwa 20 Watt ab. 1 Quadratkilometer kommt auf 20 Megawatt. Ein Sechstel der Landesfläche, 60.000 Quadratkilometer, würde so eben ausreichen, um bei durchschnittlichem Sonnenschein tagsüber, im Sommer zwischen etwa 7 und 19 Uhr, im Winter zwischen 10 und 15 Uhr, den Energiehunger Deutschlands zu decken. Allerdings müssten dafür Berlin, Hamburg, Bremen, das Saarland, Schleswig-Holstein, Thüringen und Sachsen vollständig und lückenlos unter Solar-Paneelen versteckt werden.

Kurz zusammengefasst:

Die Endlichkeit Deutschlands verhindert zuverlässig den für den jetzigen Energieverbrauch erforderlichen Ausbau der erneuerbaren Energien.

Maßnahmen zur Effizienzsteigerung der Verbraucher sind bereits weitgehend ausgereizt. Die Absichten zur Senkung des Energiebedarfs können nicht durch Einsparungen aufgrund verbesserter Technik erreicht werden. Die einzige Chance dafür liegt im (erzwungenen) Verzicht auf die Nutzung von Energie.

Heute entfallen etwa je 30% des Endenergiebedarfs auf Industrie und Verkehr, etwa 25% auf die Haushalte und 15% auf Gewerbe, Handel und Dienstleistungen.

Um das Einsparziel für 2050 zu erreichen, dürften entweder die privaten Haushalte, sowie Gewerbe, Handel und Dienstleister überhaupt keine Energie mehr verbrauchen, oder Deutschland müsste vollkommen deindustrialisiert werden, was auch einen ausreichenden Wegfall an Verkehr nach sich ziehen würde.

Selbstverständlich könnte man den Verzicht auch gleichmäßig auf alle Sektoren verteilen wollen. Doch auch das funktioniert nicht. Allein der Gedanke, die Leistung der Industrie durch Energieentzug um nur 40% zu drosseln, würde vollständig auf das BIP durchschlagen, weil davon eben auch das zuliefernde und dienstleistende Gewerbe betroffen wäre, weil Millionen zusätzlicher

Arbeitsloser mit stark reduzierter Kaufkraft den Binnenmarkt so belasten würden, dass auch der Einzelhandel von einer Insolvenzwelle überrollt und natürlich auch der Verkehr stark abnehmen würde.

40 % weniger Energie für die Industrie würde zwar automatisch dazu führen, dass insgesamt 40 % weniger Energie verbraucht und das ambitionierte 50%-Ziel fast erreicht würde.

Das hieße allerdings auch:

- Rückgang der Steuereinnahmen um 40%,
- Rückgang der Beitragseinnahmen der Sozialkassen um 40% und
- dem folgend massive Rentenkürzungen,
- massive Einschnitte ins Gesundheitswesen,
- Rückbau aller staatlichen Leistungen,
- usw.

Auch die Möglichkeiten des Verzichts und des Rückbaus sind nicht unendlich, sondern schlicht und einfach durch den Nullpunkt begrenzt, wobei schon weit oberhalb dieses Nullpunkts ganz erhebliche Probleme auftreten.

Aber es herrscht doch Klimanotstand!

Panik!
Lieber zurück in die Steinzeit

als gar keine Zukunft!

Panik!

Ja, und weltweit sind 1.400 neue Kohlekraftwerke im Bau oder in Planung. Die werden das bisschen CO_2, das vom unendlich großen Deutschland emittiert wird, locker mehrfach überkompensieren.

Zurück zu den Werten der Tabelle vom Anfang:

Über 82 Millionen Menschen leben dauerhaft in Deutschland auf diesen 357.000 Quadratkilometern Landfläche. Die reine Siedlungsfläche beträgt jedoch nur ca. 50.000 Quadratkilometer. 182.000 Quadratkilometer sind landwirtschaftlich genutzt. 110.000 Quadratkilometer werden wald- und forstwirtschaftlich genutzt. Der Rest ist von

Wasser bedeckt, oder sonst wie schlecht nutzbar (Kies- und Braunkohlegruben, Felsen, Moore, Sümpfe oder aufgelassene, belastete Militärgelände.

Wir wissen, dass die Versiegelung des Bodens im Bereich der Siedlungsflächen, die industrielle Landwirtschaft und die vielfach noch als Monokulturen bestehenden Wälder, im Verbund mit der kleinteiligen Zersiedelung und Beschneidung der naturnahen Gebiete, allen Grund zur Sorge geben, dass Deutschland seine Umwelt nachhaltig zerstört und das Artensterben vorantreibt.

Natur- und Umweltschützer kämpfen sprichwörtlich um jeden Baum, während die Landwirte aufgrund der miserablen Ertragslage auf keinen Quadratmeter Ackerfläche verzichten wollen. In den Städten schwinden die noch bebaubaren Flächen dahin und auf dem flachen Land wird

allmählich ebenfalls umgedacht und die für eine Weile inflationär und im Wettstreit der Kommunen um Gewerbesteuereinnahmen betriebene Ausweisung immer neuer Gewerbeflächen verlangsamt sich endlich.

Deutschland ist nicht unendlich groß.

Auch dadurch, dass die Landesgrenzen nicht mehr kontrolliert werden, ist Deutschland flächenmäßig nicht gewachsen. Obwohl es oft den Anschein erweckt, dass genau das das Ziel der Politik war: Durch Entgrenzung zu wachsen.

Die übrigen EU-Mitgliedsstaaten haben sich von dieser Illusion, die in Berlin immer noch aufrechterhalten wird, aber nicht irritieren lassen.

Deutschland ist auch nicht unendlich reich.

In Deutschland herrscht Not.

- 15,8 % der Gesamtbevölkerung (12,8 Millionen) sind arm oder vom Armutsrisiko bedroht.
- 28,6 % der Deutschen mit Migrationshintergrund sind arm oder von Armut bedroht.
- 36,2 % der Bevölkerung ohne deutsche Staatsbürgerschaft sind arm oder von Armut bedroht.
- In den 77 deutschen Großstädten fehlen rund 2 Millionen bezahlbare Wohnungen.
- Rund 6 Millionen Menschen in Deutschland leben von Sozialtransfers.
- 2,236 Millionen Arbeitslosen und 3,190 Millionen Unterbeschäftigten stehen (Stand Mai 2019) nur 792.000 offene Stellen gegenüber, davon ein Großteil für Leih-/Zeitarbeit.
- Die Hälfte der Ein-Personen-Haushalte in Deutschland – und dies sind mit 41% die

größte Gruppe von Haushalten in D – hat
ein verfügbares monatliches Einkommen
(einschließlich aller Transferleistungen wie
Wohngeld, Kindergeld, Hartz IV) von weniger als 1.400 Euro.
- Die Hälfte aller Drei-Personen-Haushalte
  hat monatlich weniger als 3.400 Euro zur
  Verfügung. Und dieses „Weniger" beginnt,
  das muss ausdrücklich erwähnt werden,
  durchaus schon bei „sehr viel weniger".

Die Hälfte aller Haushalte in Deutschland ist also
gezwungen, jeden Cent dreimal umzudrehen,
wenn die Miete, die Stromrechnung, die Versicherungen und die Telekommunikationskosten bezahlt sind.

Der Plan, die 357.000 Quadratkilometer bis in die
letzte Ecke mit Anlagen zur Erzeugung von Öko-
Strom vollzupflastern, ohne damit der Versorgungssicherheit auch nur nahe zu kommen, ist an
Absurdität kaum zu überbieten.

Die Absicht, die deutsche Bevölkerung und die
Wirtschaft mit immer weiter steigenden Energie-
kosten zu belasten, nur um die Erneuerbaren
dadurch wirtschaftlich erscheinen zu lassen, ist
mehr pervers als absurd.

Wer jetzt nicht schnell die Scheuklappen wieder aufsetzt, wird für die Grünen rettungslos verloren sein, denn die verfolgen unbeirrbar den einmal eingeschlagenen Weg in den Untergang.

Kohleausstieg
(Gefahrenklasse 3+++)

Ist schon der beschlossene Ausstieg bis 2038 ein riskantes und im Grunde unverantwortliches Manöver, schreiben die Grünen dazu:

„Nach dem Willen der Großen Koalition werden in Deutschland Kohlekraftwerke noch bis 2038 dem Klima und unserer Gesundheit schaden."

Daher wollen sie den Kohleausstieg schon 2030 vollendet wissen. Nimmt man die Tatsache hinzu, dass schon 2023 auch das letzte deutsche Atomkraftwerk vom Netz genommen werden soll, sind damit die letzten sicheren Kapazitäten der Stromerzeugung – lange vor Ende ihrer Nutzungszeit – abgeschaltet, rückgebaut und dem Erdboden gleichgemacht. Entschädigungen für die Nutzungsausfall soll es nicht mehr geben *(... um den Kohlekonzernen nicht Milliarden an Steuergeldern zu schenken ...)*, stattdessen soll der Strom aus Kohlekraftwerken über den EU-Emissionshandel so mit Kosten belastet werden, dass die Kraftwerke wirtschaftlich unrentabel werden.

Solaranlagen auf alle Dächer
(Gefahrenklasse 3)

Im Prinzip ist der Grundsatz der dezentralen Energie-Erzeugung und -Nutzung richtig. Doch wird sich für die allermeisten Nutzer der Anschluss an das Versorgungsnetz nicht vermeiden lassen, denn Energie-Autarkie ist auch mit dem zusätzlichen Einbau von Stromspeichern, als Ergänzung zum Solardach nicht zu erreichen. So sind die Kosten jeder zusätzlichen neuen Solar-Anlage im volkswirtschaftlichen Gesamtbild zusätzliche und im Grunde überflüssige Ausgaben, weil die konventionelle Erzeugungskapazität parallel dazu vorgehalten werden muss.

Doch damit alleine ist es nicht genug. Da Solaranlagenbetreiber ein Interesse daran haben, überflüssigen Strom in das Netz einzuspeisen, erhöht sich der Aufwand für das Netzmanagement massiv, während es immer schwerer wird, die 50-Hz-Frequenz stabil zu halten. Das Problem dabei: Sollte die Netzfrequenz unter 49,2 Hz absinken oder 50,8 Hz übersteigen, sind Lastabwürfe zur Netzstabilisierung unvermeidlich und die Wahrscheinlichkeit eines europaweiten Blackouts strebt gegen 100 Prozent.

Photovoltaik in die Fläche bringen
(Gefahrenklasse 3+)

Es gelten die gleichen Kriterien, wie bei den Solaranlagen auf den Dächern, mit dem Unterschied, dass Solar-Plantagen zur Stromernte sehr viel größere Dimensionen und Leistungsangebote bereitstellen, so dass die potentielle Schadwirkung durch den hier erzeugten „Flatterstrom" noch einmal erheblich ansteigt.

Hinzu kommt natürlich die weitere Überdeckung der Landschaft mit Solarzellen. Die Grünen wollen zwar *„nicht auf wertvollem Ackerland"* aufrüsten, doch das wiederum liegt eher in der Entscheidung der Landeigentümer und wird, ohne noch eine zusätzliche Solaranlagen-Landbewirtschaftungs-Kontrollbehörde, nicht zu verhindern sein. Es sei denn, man kommt auf die Idee, Strom aus Anlagen auf ehemaligem Ackerland so gering zu vergüten, dass sich die Investition nicht rechnet. Das würde allerdings zu sehr interessanten Schadensersatzprozessen führen, deren Ausgang vollkommen offen wäre.

Letztlich aber wird der Stromhunger Deutschlands dazu führen, dass mit jedem abgeschalteten konventionellen Kraftwerk der Verzicht darauf, Ackerflächen zu Kraftwerken umzuwandeln, in Vergessenheit geraten wird.

**Windenergieausbau
um den Standort Deutschland zu sichern**
(Gefahrenklasse 3+++)

Den Bürgern zwei sich absolut widersprechende und unvereinbare Aussagen gleichzeitig als „wahr" verkaufen zu wollen kann eigentlich nur darauf zurückzuführen sein, dass der „biologische

Arbeitsspeicher" in den grünen Köpfen zu klein geraten ist, um den Widerspruch selbst zu entdecken.

„Beim Windausbau gilt es den Konflikt
mit Natur- und Artenschutz zu minimieren,
Anwohner zu schützen ...

Und die Verfahren zur Genehmigung
zu beschleunigen."

Und nach der Ausbootung der Anwohner aus den Genehmigungsverfahren und der Aufhebung störender Natur- und Artenschutzbestimmungen, geht es erst richtig los:

- In einem ersten Schritt(!) wollen wir die erneuerbaren Energien als zwingend für die Versorgungssicherheit definieren (Weder das „Zwingend" noch die „Versorgungssicherheit" lassen sich so einfach mal dahindefinieren!) und dafür 2 Prozent der Fläche[6] bundesweit nutzen.

- Alle Bundesländer haben entsprechende Beiträge zu leisten. „Verhinderungsplanungen" – das Wort sollte Unwort des Jahres werden –

---

[6] Das ergibt etwa 700.000 Hektar – und bietet Platz für 1,4 Millionen Windräder – 4 Stück auf jedem Quadratkilometer. 2 Hektar von 100 Hektar sind zwei Prozent, das heißt aber auch: Alle 500 Meter steht ein 200 Meter hohes Monster in der Landschaft. Eine furchterregende Vorstellung! Zumal der optimale Abstand zwischen Windraftanlagen mit 6 bis 10 Rotor-Durchmessern angegeben wird. Moderne Windkraftanlagen kommen mit Rotoren von 170 Meter Durchmesser daher. Um den Wind optimal nutzen zu können, sind also mindestens 1.000 Meter Abstand zwischen den Anlagen geboten.

etwa über exzessive (!) Mindestabstände zu Siedlungen, müssen der Vergangenheit angehören!

- Mit naturverträglicher Standortwahl stärken wir den Populationsschutz bei Vögeln. (Wie das bei den geringen Abständen funktionieren soll, bleibt Geheimnis der ehemaligen Naturschutz-Partei.)

Klimaneutrale Energieinfrastruktur
Grüne Wasserstoff-Strategie
(Gefahrenklasse 5)

> Ist es auch Wahnsinn,
> so hat es doch Methode.
>
> William Shakespeare, Hamlet

Es ist den Grünen schon bewusst, dass sie den Kohleausstieg nicht allein mit den Erneuerbaren schaffen können. Die notwendigen neuen Gaskraftwerke wollen sie aber nur zulassen, wenn sie schon „Wasserstoff-ready" geplant und gebaut werden.

Das liegt daran, dass die Grünen nach wie vor nicht wissen, wie die zur Kompensation der schwankenden Stromleistung erforderlichen Batterien aussehen könnten. Da gibt es ein erhebliches Problem mit der maximalen Speicherdichte und den sich darergebenden Volumina.

Daher setzt man darauf, den bei Sonnenschein und Wind anfallenden, überflüssigen Strom zu verwenden, um Wasser per Elektrolyse in Wasserstoff und Sauerstoff zu trennen. Das kostet ziemlich viel Energie, nämlich etwa 55 Kilowattstunden für ein Kilogramm Wasserstoff. Wird der so gewonnene Wasserstoff dann wieder mit Sauerstoff zu Wasser verbrannt, gibt er etwa 33 Kilowattstunden wieder ab.

In diesem Prozess treten jedoch unvermeidliche Verluste auf, so dass die Speichereffizienz so aussieht, dass der „Wasserstoff-Speicher" nur ungefähr die Hälfte der Energie wieder abgibt, die man vorher hineinstecken muss.

Es muss auch berücksichtigt werden, das die notwendigen großtechnischen Anlagen zur Wasserstofferzeugung ebenso wie die Windräder von denen sie den Überschussstrom beziehen, und die Gaskraftwerke, die bei Flaute einspringen sollen, weit mehr als die Hälfte der Zeit stillstehen werden, dabei aber so überdimensioniert ausgelegt werden müssen, dass die Elektrolyse-Anlagen das Angebot auch an richtig guten Stromerntetagen noch verarbeiten können, während die Gaskraftwerke auch bei schlimmer Dunkelflaut den Strombedarf der Republik, zusammen mit jenen 10 Prozent, die Wasserkraft und Biogas beisteuern, decken können.

Es werden also gigantische Investitionsmittel verbraten, die Landschaft total verspargelt, nur um das Grundproblem der Erneuerbaren, die Diskontinuität der Stromerzeugung, irgendwie – koste es, was es wolle – zu lösen, weil der Strom aus Erneuerbaren ja umsonst ist.

Ist er eben nicht. Keine der grundsätzlich unwirtschaftlichen Windkraftanlagen wäre errichtet worden, hätte der Staat nicht dafür gesorgt, dass für diesen Strom Preise gezahlt werden, die der Markt von sich aus niemals hergegeben hätte.

Mit der Wasserstofftechnologie wird der Mix aus Sonne, Wind und Wasserstoff nur noch einmal extrem verteuert.

Die Grünen, in den Scheuklappen der Klimaneutralität gefangen, sind aber überzeugt, dass sie mit der Wasserstofftechnologie in der Lage seien, noch mehr von der kostenlosen Sonnenenergie ebenso kostenlos nutzbar machen zu können.

Wer vorschlägt, lieber zwei Windräder in die Landschaft zu setzen und dazu Elektrolyse-Kapazitäten zu errichten, um dann per Wasserstoff die Stromernte eines Windrades wieder nutzbar zu machen, statt die Gaskraftwerke, ohne die es sowieso nicht geht, einfach mit Erdgas zu betreiben, das sehr kostengünstig zur Verfügung steht, würde in einem Wirtschaftsunternehmen keine Gelegenheit erhalten, noch einmal in allem Ernst einen solchen Vorschlag zu unterbreiten.

Unsere Grünen sind jedoch der Überzeugung, auch Erdgas sei ein Teufelszeug, wenn es in Deutschland verbrannt wird, wollen folglich die Fertigstellung der Pipeline North-Stream-2 verhindern und damit dafür sorgen, dass noch mehr russische Gas in China verbrannt werden kann.

Wer mit der Parole „Wir haben nur eine Erde" groß geworden ist und damit, kaum der KiTa entwachsen, schon Politik machen will, sollte sich irgendwann auch darüber klar werden, dass auf dieser einen Erde nicht nur Deutschland und die EU existieren.

An dieser Erkenntnis hapert es jedoch ganz erheblich.

Einen Markt für Ökostrom schaffen
(Gefahrenklasse 3)

„... bei einem Erneuerbaren-Anteil von fast 50 Prozent im Strombereich, brauchen wir ein Energiemarktdesign, das Ökostrom in den Mittelpunkt rückt und zugleich die Sektorenkopplung unterstützt. Unser Ziel ist, dass erneuerbarer Strom künftig stärker marktgetrieben und systemdienlich vergütet wird."

Ein Markt für Ökostrom ist physikalisch gesehen Nonsens. Denn niemand (außer den Selbstverbrauchern unter den Ökostrom-Erzeugern) kann wirklich Öko-Strom beziehen. Alle diesbezüglichen Angebote der Netzbetreiber, mit extra teuren Tarifen puren Öko-Strom zu liefern, ändern nichts daran, dass aus der Steckdose immer nur Strom kommt.

Strom ist ja nichts Materielles, sondern lediglich die Differenz zwischen unterschiedlichen Ladungszuständen, die durch alle Stromerzeuger im gesamten Netz vergrößert und durch alle Stromverbraucher im gesamten Netz wieder verringert wird.

Das lässt sich vielleicht, und stark vereinfacht, mit der Wasserversorgung einer Gemeinde, bestehend aus Brunnen, Pumpe, Hochbehälter und den Wasserhähnen der Verbraucher erläutern.

Die Pumpe entspricht dem Kraftwerk, dass einen Elektronenüberschuss herstellt. Der Wasserdruck zwischen Hochbehälter und Zapfstelle entspricht dem Energiepotential, das von den Kraftwerken insgesamt erzeugt wird, die Wasserhähne entsprechen den Verbrauchern elektrischer Energie.

Das System ist im Gleichgewicht, wenn der von den Kraftwerken erzeugte Elektronenüberschuss von den Verbrauchern stetig in dem Maße abgenommen wird, wie die Kraftwerke nachliefern.

Stimmen Erzeugung und Verbrauch nicht überein, müssen im Wassernetz entweder die Pumpleistung oder der Verbrauch erhöht oder gedrosselt werden. Sonst ist der Hochbehälter entweder bald leer oder er läuft über.

Wie und von welchem Einspeiser im Stromnetz ein Elektronenüberschuss erzeugt wird, ist dem Netz vollkommen gleichgültig. Es steht im gesamten europäischen Verbundjetzt an allen Abnahmestellen der identisch gleiche Strom zur Verfügung, wie auch im Wassernetz an allen Verbrauchstellen auf dem gleichen Höhenniveau der gleiche Wasserdruck zur Verfügung steht.

Der „Strommarkt" ist eine politisch in Gang gesetzte, letztlich der Gewinnoptimierung von Erzeugern, Netzbetreibern und Versorgern dienende

Konstruktion, mit der die Beziehung zwischen regionalen Kraftwerksbetreibern, die in aller Regel zugleich Netzbetreiber waren, und deren Endkunden aufgelöst wurde.

Heute stehen die Erzeuger als Anbieter den Versorgern gegenüber, die man auch als „Stromgroßhändler" bezeichnen könnte, die wiederum als Anbieter den Endkunden gegenüberstehen.

Die Netzbetreiber, die über die gleichen Leitungen den Strom aller Erzeuger, der zugleich der Strom aller Versorger ist, von den Erzeugern zu den Endkunden transportieren, werden dafür mit Netzentgelten entschädigt.

Heute kann sich jeder Stromkunde in Deutschland seinen Strom von jedem Versorger kaufen, was sich jeweils in der Preisstellung für die Bereitstellung und die in Anspruch genommene Leistung ausdrückt. Der Strom, den die Versorger anbieten, ist im gesamten Verbundnetz jedoch der identisch gleiche.

Alles, was sich die Grünen nun wünschen, ist, dass die Ökostromerzeuger für ihren Strom von den Versorgern mehr Geld pro Megawattstunde erhalten als die übrigen Erzeuger. Zahlen sollen das die Endverbraucher. Punkt. Aus. Ende.

Ökostrom für Klimaneutralität ist eine gigantische Wertevernichtung in Bezug auf die Verschrottung der bestehenden, funktionierenden und sicheren Infrastruktur, ein gigantisches Investitionsprogramm, an dem sich Windanlagen- und Solaranlagenbauer, Stromtrassen-Errichter, Smart-Meter-Produzenten, Anlagenbetreiber, Netzbetreiber und Versorger mühelos goldene Nasen verdienen können, weil der Staat durch seine regulatorischen Eingriffe dafür sorgt, dass die Endverbraucher für die Zeche bis zum Heller aufkommen müssen.

Hier, gegenüber den über den Tisch gezogenen Wählern, überhaupt noch den Begriff „Markt" in den Mund zu nehmen, ist die blanke Publikumsverhöhnung.

Kommunen bestechen
(Gefahrenklasse 3++)

Im Originaltext des Entwurfs zum Wahlprogramm der Grünen liest sich das so:

„Wir wollen, dass von der Energiewende möglichst viele profitieren. Deshalb werden wir Bürgerprojekte bei Wind- und Solarparks besonders fördern und die Kommunen verbindlich an den Einnahmen aus den Erneuerbaren-Anlagen beteiligen. "

Mit diesem Trick wollen die Grünen den breiten Widerstand in der Bevölkerung gegen Windparks in der Nähe von Siedlungsgebieten brechen, indem sie die Reicheren[7] in den Gemeinden animieren, über steuerfinanzierte Fördergelder ihren Reibach zu

---

[7] Wer kann sich schon eine Investition in einen Windpark leisten? Weder die Kindergärtnerin noch der Postbote. Es sind wieder der Wirt, der Zahnarzt und der Großbauer, die sich – mit mehr Profitgier als Heimatliebe – vor den grünen Karren spannen lassen.

machen, während der Kommune über die Lebensdauer der Anlagen ein paar Almosen versprochen werden, die wiederum Bürgermeister und Kämmerer bewegen sollen, sich gegen den Widerstand der Mehrheit der Bürger zu stellen.

Eine fiese Strategie, die, sollte sie aufgehen, nur wieder einen Kostenposten mit sich bringt, der auf der Stromrechnung der Normalbürger irgendwo versteckt wieder auftauchen wird.

Netzausbau beschleunigen
(Gefahrenklasse 3+)

Alle Maßnahmen zur Verringerung des Stromverbrauchs, sei es die bessere Energieeffizienz von Kühlschränken, Waschmaschinen und Staubsaugern, sei es die Verlagerung energieintensiver Betriebe ins Ausland, oder auch nur die psychologischen Tricks, mit denen „Stromsparen" als die neue Form von Buße und Beichte angeboten wird, haben Wirkung gezeigt.

Mit 541 Terrawattstunden in den Jahren 2007 und – gleich nach der Finanzkrise noch einmal im Jahre 2010 – war der Zenit im deutschen Stromverbrauch erreicht und hat sich bis 2019 um rund fünfeinhalb Prozent reduziert. Die Lockdown-Serie des letzten Jahres wird ihren Beitrag geleistet haben, den Jahresverbrauch noch weiter einbrechen zu lassen. Angesichts dieser Zahlen sollte das deutsche Stromnetz doch eigentlich nicht unbedingt weiter ausgebaut werden müssen.

Müsste es auch nicht, wären da nicht jene unseligen Offshore Windstromanlagen, die jahrelang keinen Strom liefern konnten, weil es versäumt worden war, die Stromerzeuger irgendwie an das Netz anzuschließen, denen aber dennoch der nicht erzeugte Strom vergütet wurde, als hätten sie ihn erzeugt, weil es ja schließlich nicht ihre Schuld war, dass sie keine Gelegenheit hatten, ihren Strom anzuliefern.

Aber nun ist der Strom an Land, und im schönen, kühlen hohen Norden, wo schon 2006 die Hamburger Aluhütte wegen zu hoher Stromkosten geschlossen wurde, wird der Offshore-Strom halt nicht gebraucht. Also muss er dahin, wo im Süden die Leistung der stillgelegten Atomkraftwerke fehlt – und dafür sind die Leitungen, die ja noch aus der Zeit der regionalen Erzeugung und Verteilung stammen, einfach nicht geeignet.

Es ist die gleiche Art von Planlosigkeit, die uns auch beim Hauptstadtflughafen BER begegnet ist. Man macht halt mal drauflos, stellt dann fest, dass man Mist gebaut hat, verlangt frech mehr Zeit und mehr Geld – und wurstelt weiter, bis eine gute Fee erscheint, ihren Zauberstab schwingt, aus dessen Spitze die Milliarden regnen, und wenn die Taschen dann voll sind, macht man die eine Baustelle zu und fängt an der nächsten Baustelle das gleiche Spiel mit dem gleichen Eifer aufs Neue an.

Erneuerbare Energien wurden einst als „regionale Stromerzeugung" angepriesen. Auch dieses Ziel hätte erreicht werden können, wenn man nur gewollt hätte. Allerdings ist es den Konzernen der

Elektrizitätswirtschaft gelungen, ihre Pfründen zu sichern, sich selbst an den Einspeisevergütungen zu laben und die Regionalisierung weitgehend zu hintertreiben.

Klima-Sanierungsoffensive bei Gebäuden und eine fair gestaltete Wärmewende
(Gefahrenklasse 3+)

Sie schreien nach bezahlbarem Wohnraum, wollen eine Million bezahlbarer Wohnungen errichten, wissen, dass Steigerung der Baukosten und damit der Mieten von den hohen bautechnischen Anforderungen maßgeblich getrieben werden, und stellen sich hin und verlangen: *„Hohe Baustandards"*.

Neubauten sollen nur noch dem Passivhausstandard entsprechen, Altbauten müssen bei Eigentümerwechsel einem Sanierungsplan unterworfen werden. Wer eine Heizung austauschen oder ein Gebäude in größerem Umfang sanieren will, ist auch gleich mit behördlich verordneten Zwangsmaßnahmen gesegnet.

Die glücklichen Zeiten in denen es so etwas wie einen Bestandsschutz gab, sind längst vorbei.

Zwei Millionen Wärmepumpen sollen unters Volk gebracht werden, Fern- und Nahwärme sollen dekarbonisiert werden, und wer heizt, soll sich auf verknüpfte Systeme stützen, die das Heizen so komfortabel machen, solange nicht der Strom ausfällt.

Gut 6 Megawattstunden Strom schluckt so eine Wärmepumpe im Jahr, um ein Einfamilienhaus zu beheizen. Bei rund 30 Cent pro KWh ist das Heizen mit Öl bedeutend billiger. Die zusätzliche Last – die noch dazu nur im Winter anfällt, bei wenig Sonne und Gefahr der Dunkelflaute – wird bundesweit etwa 12 bis 15 Terawattstunden betragen. Zwei bis drei Prozent des Gesamtstromverbrauchs der Republik einfach mal so obendrauf. So spart man Strom ...

Natürlich muss diese Wärmwende fair gestaltet werden, und wenn schon die Eigenheimbewohner zur Kasse gebeten werden, dann ist es nur recht und billig, dass auch die Mieter ihren Anteil an den staatlich verordneten Investitionskosten tragen sollen, zumal sie ja ebenfalls die notwendigerweise steigenden Heizkosten zu tragen haben.

Und wo der letzte Groschen der Mieter schon abgesaugt ist, da wird der Grünstaat mit einem „Klimawohngeld" dafür sorgen, dass der Vermieter die Amortisation seiner Investitionen trotzdem erleben kann, weil halt der Steuerzahler für das aufkommt, was der Mieter nicht aufzubringen vermag.

Grüne Mobilität

Erst wenn die letzte Raffinerie geschlossen ist, die Elektromobile mit leeren Batterien vor den stromlosen Schnelladesäulen final abgestellt wurden und der Bahnverkehr wegen permanenter, geplanter und ungeplanter Stromausfälle im unauflöslichen Chaos stecken geblieben sein wird, werdet ihr merken, dass man mit Fahrrädern auch nicht weit kommt.

„Die Bahn ist ein öffentliches soziales Gut und das Rückgrat einer nachhaltigen Mobilitätswende …"

Die Faszination, die von der Bahn ausgeht, besteht hauptsächlich darin, dass man, am Bahnsteig stehend, mit der beeindruckenden Größe und Kraft des Massentransportmittels direkt konfrontiert wird.

Wer als Bahnkunde die Zustände im Inneren der Züge zu den Hauptreise- und Hauptverkehrszeiten kennt, wer weiß, welche Preise die Bahn dem Reisenden pro Streckenkilometer abverlangt, bei dem verschwindet die Faszination sehr schnell und macht jener hilflosen Wut Platz, die den Wunsch nach dem eigenen Pkw, trotz Stau und Blitzer-Abzocke, am Leben hält und ihm letztlich zum Durchbruch verhilft.

Daher wird diese deutsche Bahn, die aus vergleichbaren Gründen auch den Güterverkehr an die Straße verloren hat, auch nur dann zum Rückgrat des Personenverkehrs werden können, wenn die Pkws endgültig verboten sind oder die Kosten der

Pkw-Nutzung so weit in die Höhe getrieben wurden, dass die Fahrt einer vierköpfigen Familie – von München nach Nürnberg und zurück – mehr als ein halbes Netto-Monatseinkommen verschlingt.

Fahrplanverbesserungen, Stundentakt für alle Großstädte, bessere Anschlüsse zwischen Nah- und Fernverkehr schreiben sich die Grünen im Wahlprogramm auf ihre Fahnen, obwohl es sich dabei exakt um die bestehenden Pläne der Deutschen Bahn AG und des Bundesverkehrsministeriums handelt.

Doch das sind marginale Verbesserungen für Vielreisende, die den himmelweiten Unterschied zwischen der Idee „Massentransportmittel" und der Idee „Individualverkehr" ebenso wenig verschwinden lassen können, wie fünf Quadratzentimeter mehr Käfigfläche den Unterschied zwischen der Massentierhaltung in der Legehennen-Batterie und den fünf freilaufenden Hennen auf dem Hof des Nebenerwerbslandwirts verschwinden lassen können.

Die Bahn ist nicht in der Lage, die Leistungen des Individualverkehrs auch nur ansatzweise zu übernehmen. Was helfen noch so viele neue Züge und Waggons, wenn diese einfach nicht mehr auf die vorhandenen Gleise passen? Soll die Loreley weggesprengt werden, um auf der rechten Rheinseite zum vorhandenen noch ein weiteres Gleispaar anlegen zu können?

Und wann wird so ein Vorhaben fertig gestellt werden, wenn es seit Baubeginn (1993) des Gotthard-Basistunnels in den Schweizer Alpen, den deutschen Anrainern auch fünf Jahre nach

Fertigstellung (2015) des Tunnels noch nicht einmal gelungen ist, die notwendige Zulaufstrecke abschließend zu planen?

Natürlich bleibt es auch Ziel der Grünen, den öffentlichen Personen-Nahverkehr auszubauen.

Emissionsfreie Busse stehen im Programm, ungeachtet der Tatsache, dass die ersten im Einsatz befindlichen von den Kommunen schon wieder ausgemustert wurden. In Lübeck, weil ein Modell des gleichen Herstellers bei einem bayerischen Verkehrsbetrieb mal eben so ausgebrannt ist, in Nürtingen, weil die Technik einfach viel zu oft auf freier Strecke versagte und die Fahrgäste ausgeblieben sind, in Berlin wegen Kurzschlüssen im Hochvoltsystem, und was der Beispiele mehr sind.

Doch selbst wenn sich diese Probleme lösen lassen: Der Nahverkehr im ländlichen Raum ist nicht massentransporttauglich und nicht auf die unterschiedlichen Bedürfnisse verhältnismäßig weniger Nutzer wirklich vernünftig anzupassen. Den Bus zu nehmen, wird immer nur die Notlösung bleiben, auch wenn es keinen privaten Pkw mehr geben sollte.

Die Vision vom lückenlosen Fahrradnetz in ganz Deutschland ist ein netter Vorschlag, über den sich Freizeitsportler und Touristen freuen werden, mit „Mobilität" im eigentlichen Sinne hat das nichts zu tun.

Gleiches gilt für den „Mobilitätspass", der als eine Art erweiterte Monatskarte für den Münchner

Verkehrsverbund am Ende auch die Dampferfahrt auf der Binnenalster im Hamburg mit abdecken soll.

Ein hübsches Spielzeug, ganz bestimmt in Verbindung mit einer geilen App, aber letztendlich für 95 Prozent der Deutschen so überflüssig wie ein Kropf.

4 – Das Unvermeidliche Urgrüne

Es gibt sie noch, die Ideen der Generation der Pullover strickenden, mit Jeans und Turnschuhen zur Vereidigung antretenden Urgrün*innen. Allerdings nimmt diese Thematik nur noch vier von 136 Seiten Programmentwurf für sich in Anspruch.

Das spiegelt sehr deutlich den Wandel der Interessenlage der Grünen wider, die sich mehrheitlich gegen die Naturschützer und Lebensbewahrer in ihren Reihen durchgesetzt und die konkrete Arbeit an real feststellbaren Problemen zurückgestellt haben, um sich dem Kampf gegen einen – nur von Modellrechnungen, und immer wieder falsch – vorhergesagten Klimawandel zu widmen. Es ist mit einem Krötentunnel halt einfach kein Geld zu verdienen.

- Artensterben stoppen
- Unseren Wald retten
- Biologische Vielfalt an Land und im Meer schützen
- Flüsse und Moore schützen
- Sauberes Wasser ist Leben
- Meere schützen, Plastikmüllflut stoppen
- Das Ende des Mülls
- Giftfreie Produkte im Alltag
- Saubere Luft zum Atmen
- Klimaanpassung und mehr Natur in der Stadt.

Zehn Unterpunkte auf vier Seiten – und nichts Neues unter der Sonne.

Eine Kuh macht muh.
Viele Kühe machen Mühe.
Thomas Gottschalk?

5 – Zusammen leben

Unter dieser Groß-Überschrift im Entwurf des Wahlprogramms der Grünen ist alles versammelt, was die Anschlussfähigkeit der Grünen an die CDU, die SPD, und die LINKE unterstreicht. Es ist eine parteiübergreifende, linke Ideologie und Programmatik, die eine gewaltige Herausforderung an den gesunden Menschenverstand darstellt und diesen, durch ihre Omnipräsenz in den Medien, bei gleichzeitiger Zensur und Unterdrückung abweichender Meinungen und entgegenstehender Fakten, bereits weitgehend zum Schweigen gebracht hat.

Der Kritiker nimmt es sich heraus, dieses Kapitel für sich und seine Leser anders zu überschreiben, nämlich:

5 – Armes Deutschland

Wie sich eine beinharte Oppositionspartei doch wandeln kann, wenn das Mitregieren wieder lockt.

Die Ausführungen zum Zusammenleben beginnen nicht etwa bei den Bürgern, sondern beim Staat – und zwar mit Ideen und Forderungen, die dem Staat helfen, sich besser, einfacher und schneller gegen den Bürgerwillen durchzusetzen.

Grüne, die es geschafft haben, wegen der nicht reproduzierbaren einmaligen Sichtung eines Feldhamsters, wegen des Juchtenkäfers oder einer selten Pflanze, Bauprojekte um Jahre zu verzögern und die Gerichte mit ihren Einsprüchen zu beschäftigen, die beginnen ihre Ausführungen zum Zusammen leben jetzt so:

Wir machen den Staat effektiver und bürgernäher, durch

<u>Planungs- und Investitionsbeschleunigung</u>

Die Modernisierungsoffensive im Bereich der Schieneninfrastruktur, der erneuerbaren Energien und der Energienetze, der Sanierung von Schulen, Straßen und Brücken, sowie der digitalen Infrastrukturen, erscheint den Grünen nur mit Hilfe eines zügigen Durchregierens realisierbar.

Daher sollen Verfahren verschlankt und gebündelt, die Gerichte zur beschleunigten Verfahrensbeendigung gestärkt werden und gegebenenfalls das letzte Wort beim Gesetzgeber liegen, der hinderliches Recht durch Abnicken im Parlament beiseite räumen kann.

Ziel ist es, alle Planungszeiten zu halbieren.

Digitale Ämter

Verwaltungsvereinfachung und Bürgernähe durch Digitalisierung wird mit vielen Vorteilen beschrieben. Dass dies ohne die Zusammenführung aller Daten, die über den Bürger bei unterschiedlichen Stellen gespeichert sind, kaum zu verwirklichen sein dürfte, dass die Steuernummer als eindeutiges Personenkennzeichen praktisch schon zum primären Schlüsselbegriff zentraler Datenbanken bestimmt ist, dass damit der gläserne Bürger Realität und der Datenschutz auf der Strecke bleiben wird, wird nur in einer winzigen Andeutung thematisiert. Früher wäre dies das Hauptanliegen der Grünen gewesen, heute schiebt man es elegant unter den Teppich.

Der Personalausweis auf dem Smartphone

„Sichere? und geschützte? digitale Identitäten, sind häufig das fehlende Puzzlestück für moderne staatliche Dienstleistungen.“ Personalausweis, Führerschein, Krankenkassenkarte, Zahlungsdaten, Mitgliedsausweise, was der Mensch sich vorstellen kann, soll künftig auf dem unsichersten Gerät, das der Mensch benutzen kann, gespeichert werden.

Gibt es eine einzige App, die nicht den vollen Zugriff auf alles verlangt, was auf dem Handy verfügbar ist? Und was wissen wir über jene Apps, die sich bescheiden geben und ihr „Nach-Hause-Telefonieren“ vollkommen unbemerkt und heimlich vollziehen?

Digitale Identitäten auf dem Smartphone vorzuhalten, das wird zu massenhaften Identitätsdiebstählen und in ihren Folgen überhaupt nicht zu überblickenden Manipulationen führen.

Wer erklärt, Daten auf einem Smartphone könnten irgendwie gegen unbefugten Zugriff gesichert werden, hat nur dann Recht, wenn er sein Smartphone vor der ersten Nutzung in eine Bleikassette packt, diese mindestens einen halben Meter tief im Garten vergräbt und nie mehr ausbuddelt.

Transparenz-Gesetz für Open Data

Dagegen ist nichts einzuwenden, wenn der Zugang zu offenen Daten aus staatlichen Beständen bei berechtigtem Interesse erleichtert wird.

Ein Forschungsdatenzentrum beim Statistischen Bundesamt

Klingt auch erst einmal vernünftig. Deutschland liegt IT-mäßig weit zurück, wenn es da einen Schub geben sollte, ist das zu begrüßen.

Klimaneutrale Bundesverwaltung

Dieses „Gimmick" darf natürlich nicht fehlen und macht im ganzen Reigen der Klimaneutralitätsbemühungen das Kraut auch nicht mehr fett. Schade um das viele Geld, das dabei, mangels Schornstein, aus dem Fenster geworfen werden wird.

Der lernende Staat

Da werden ein paar Selbstverständlichkeiten zum Programm erhoben. Bitter, wenn hier tatsächlich noch der große Nachholbedarf bestehen sollte.

Justiz entlasten und digitalisieren

Weil die Vielzahl der Straftaten und der Einsprüche in Sachen Sozialgesetzbuch und Asylrecht die Gerichte an den Rand des Zusammenbruchs bringen, müssen Bagatelldelikte entkriminalisiert werden. Die Grünen denken da vermutlich an Beförderungserschleichung, BTM-Besitz und Kleindealerei, sowie Ladendiebstahl und zwingend gebotene Sachbeschädigungen im Kampf gegen rechts.

Ansonsten soll kräftig digitalisiert werden und in „Online-Verfahren" in einfachen Rechtssachen Recht gesprochen werden. Ob das per KI oder doch noch unter Zuhilfenahme natürlicher Intelligenz geschehen soll, wird nicht ausgeführt.

Den öffentlichen Dienst stärken und modernisieren

Mehr Personal + mehr Digital, gute Bezahlung, flexible Laufbahnen, das ist ein Anbiedern bei jenen

Teilen des öffentlichen Dienstes, die immer noch nicht grün wählen. Nichts Konkretes.

<u>Vielfalt in der Verwaltung</u>

Es geht um eine „diverse Verwaltung", die nicht von selbst entsteht, sondern zum Beispiel dadurch, dass bei der Einstellungs- und Beförderungspraxis die „Gleichstellung" (nicht Gleichberechtigung!) der Geschlechter und die gesellschaftliche Vielfalt zu beachten ist. Dazu wird es Quoten geben, die hier nicht so genannt werden, sondern: *"Wir werden verbindliche Vorgaben zur Erhöhung des Anteils von Menschen mit Migrationshintergrund einführen."*

Das ist zwar höchstwahrscheinlich verfassungswidrig, aber das Grundgesetz soll ja sowieso an mehreren Stellen geändert werden.

Wir treten ein für Vielfalt, Anerkennung und gleiche Rechte

<u>Einheit in Vielfalt</u>

Hieß ehedem Multi-Kulti, wird jetzt auch ein bisschen verharmlost. Minderheitenschutz, Antidiskriminierungsaktivitäten, dazu ein „Partizipationsrat", der den Minderheiten als „Gleiche" zur vollen Teilhabe verhelfen soll. Darüber hinaus soll es auch noch ein Ministerium für Vielfalt, Minderheiten und Teilhabe geben und ein Teilhabe- und Partizipationsgesetz, von dessen Segnungen jene, die schon länger hier wohnen, wohl ausgeschlossen sein werden. Hauptsache, sie zahlen die Zeche.

Konsequent gegen Rassismus

Dieser Passus, der ein ganzes Trommelfeuer von Auswüchsen grün-gutmenschlicher Regelungswut preisgibt, sei hier, unter Enthaltung aller weiterer Kommentierung, wörtlich zitiert:

*„Rassismus ist Realität im Alltag, auf der Straße, im Netz, in Institutionen. Er betrifft nicht alle von uns gleichermaßen, aber er geht uns alle gleichermaßen an. Rassismus und alle Formen von Diskriminierungen stellen nicht nur eine große Gefahr für die betroffenen Menschen dar, sondern bedrohen auch das gleichberechtigte und friedliche Zusammenleben. Wir wollen den Schutz vor und die Beseitigung von Diskriminierungen und strukturellem Rassismus mit einem staatlichen Gewährleistungsanspruch in der Verfassung verankern, ergänzend zur überfälligen Ersetzung des Begriffs „Rasse" sowie der expliziten Benennung von Diskriminierung aufgrund sexueller Identität. Die Antidiskriminierungsstelle des Bundes (ADS) muss unabhängiger und wirkmächtiger werden – mit mehr Personal, Budget und Kompetenzen. Zudem wollen wir eine*n weisungsunabhängige*n und finanziell gut ausgestattete*n Antirassismusbeauftragte*n einsetzen. Das Allgemeine Gleichbehandlungsgesetz soll zu einem echten Bundesantidiskriminierungsgesetz weiterentwickelt werden. Das Netz zivilgesellschaftlicher Beratungsstellen soll flächen-*

deckend ausgebaut und in den Institutionen sollen Anlaufstellen geschaffen werden. Wir werden die Forschung zu Diskriminierung und Rassismus ausbauen, insbesondere Antidiskriminierungs- und Gleichstellungsdaten erheben und unabhängige wissenschaftliche Studien in Bezug auf staatliche Institutionen durchführen. Antirassismus, Antidiskriminierung und Postkolonialismus wollen wir in Lehrplänen verankern.“

Unterstützung und Sicherheit für Juden in Deutschland

Das ist Staatsräson und die Grünen bekennen sich dazu.

Muslime schützen und stärken

Das ist bislang keineswegs Staatsräson, doch sieht es so aus, als hätten die Gleichstellungsbeauftragten der Grünen hier ein Gleichstellungsdefizit festgestellt, das als Diskriminierung der Muslime gegenüber den Juden ausgelegt werden könnte.

Antiziganismus entschlossen bekämpfen

Ob die Reihenfolge etwas zu bedeuten hat? 1. Juden, 2. Muslime, 3. Zigeuner? Kaum möglich, das wäre ja schon wieder diskriminierend.

Das Problem ist halt das Sequentielle der Sprache. Könnte man so was nicht in Spalten, nebeneinander, parallel? Aber wer bekommt dann die linke, wer die rechte Spalte? Unauflöslich.

Aber auch hier wird eine „Nationale Koordinierungsstelle Antiziganismus" gefordert.

Wie viele Mitglieder haben die Grünen eigentlich, dass sie so viele neue Behörden, Beauftragte, Koordinierungs- und Beratungsstellen brauchen können?

Ein Barrierefreiheitsgesetz

Ist sicherlich auch nicht schlecht. Besser wäre allerdings wohl noch ein „Klimaneutrales Barrierefreiheitsgesetz".

Die Gefahr ist halt, hier wie überall im Programm, dass sie weit übers Ziel hinausschießen werden.

Verhältnis Kirche und Staat reformieren

Alles gut, alles schön, alles wichtig, was die Kirchen machen. Soll auch so bleiben.

Aber: das kirchliche Arbeitsrecht muss reformiert werden.

Kann eigentlich nur heißen, dass Muslime freien Zugang zu kirchlichen Arbeitsplätzen erhalten.

Und, der Verfassungsauftrag zur Ablösung der Staatsleistungen soll umgesetzt werden.

Da sind wir beim Art. 140 Grundgesetz, der aus der Weimarer Verfassung aus dem Jahre 1919 stammt und 1949 ins Grundgesetz übernommen wurde.

Dort wird bestimmt: „Die auf Gesetz, Vertrag oder besonderen Rechtstiteln beruhenden Staatsleistungen an die Religionsgesellschaften werden durch die Landesgesetzgebung abgelöst. Die Grundsätze hierfür stellt das Reich auf."

Ablösen heißt hier, auf einen Barwert abzinsen und auszahlen. Das kann sauteuer werden, was der Grund sein dürfte, dass hier seit 1919 noch niemand einen Finger gerührt hat.

Für 2021 werden rund 600 Millionen Euro an Staatsleistungen für die beiden großen Kirchen fällig. Wenn man rund hundert Jahre von 1919 bis 2020 als Maßstab für die abzulösenden Leistungen zu Grunde legt, müssten Leistungen für weitere hundert Jahre bis 2121 in die Rechnung einfließen. Bei den herrschenden Niedrig- und Negativzinsen ist da nicht viel Spielraum für eine Barwertberechnung.

60 Milliarden müssten auf einmal in den Opferstock gelegt werden. Da lassen sich jährlich 600 Millionen doch sehr viel leichter verkraften.

Was reitet euch, Grüne?

6 – Mit frischer Kraft an die Statik

Wer weiß schon so genau, was das demokratische Fundament ist, ob es sich um ein Punktfundament, ein Streifenfundament oder um eine ganze Bodenplatte handelt?

Die Grünen haben sich jedoch vorgenommen, eine der schwierigsten, aufwändigsten und für die Standfestigkeit eines Gebäudes riskanteste Operationen vorzunehmen, denn sie drohen:

Wir erneuern das demokratische Fundament

Aus den Einzelpunkten wird dann aber klar, dass die Grünen sehr sonderbare Vorstellungen vom Fundament der Demokratie haben.

Für eine saubere Politik

Ein Lobbyregister wollen sie haben, um den Einfluss von Interessengruppen auf die Politik offenzulegen. Spricht ja nichts dagegen.

Nebeneinkünfte von Parlamentariern aus Lobbyarbeit sollen verboten, alle sonstigen bis auf den letzten Cent offengelegt werden. Bei Parteispenden wollen sie strengere Regeln. Spricht auch nichts dagegen.

Aber was hat das mit dem demokratischen Fundament zu tun, wenn es darum geht, etwas stärker auf „menschliche Schwächen" zu achten?

Parlament stärken, Wahlrecht reformieren

Die Reform des Wahlrechts ist längst vom Bundesverfassungsgericht gefordert. Das hat der Deutsche Bundestag bis heute nicht vernünftig hinbekommen, und er wird es auch in absehbarer Zeit nicht hinbekommen. Da hängt so viel am Status quo, was einfach nicht in ein anderes neues Wahlrecht hinübergerettet werden kann, dass es damit wohl so gehen wird, wie mit den Staatsleistungen für die Kirchen: Bloß nicht wirklich dran rühren.

Unter Stärkung des Parlaments wird jedoch auch gefordert, und das könnte wirklich interessant sein, die Rolle des Bundestages bei der Gesetzgebung auszubauen.

Tja – wie soll das gehen? Der Bundestag ist das einzige Gremium, das Bundesgesetze beschließen kann. Er hat die maximal mögliche Rolle. Dass er davon wenig Gebrauch macht, hat nichts mit dem Fundament der Demokratie, nichts mit Gewaltenteilung, nichts mit der Gewissensfreiheit der Abgeordneten zu tun. Sie wollen halt einfach nicht.

Der Bundestag wartet auf die Gesetzentwürfe der Regierung, um sie abzunicken, wartet auf das europäische Recht aus Brüssel, um die deutschsprachige Fassung in deutsches Recht zu überführen, aber ob es gelingen wird den kompletten Bundestag personell auszutauschen, in der Hoffnung, das Verfassungsorgan könne dann seine Rolle bei der Gesetzgebung wahrnehmen, das ist doch äußerst fragwürdig.

Jetzt aber kommt's!

<u>Macht fair teilen, auch in den Parlamenten</u>

Hier geht es wirklich ans Eingemachte, an das Fundament der deutschen Demokratie. Das Grundgesetz, welches das Deutsche Volk zum Souverän erhebt, das es dem Deutschen Volk gestattet, in freier, gleicher und geheimer Wahl seine Vertreter ins Parlament zu entsenden, wird es so nicht mehr geben.

Vor dem Wähler wird ein Quotenregime (Paritätsgesetz) installiert. Ein Ansinnen, welches das Verfassungsgericht bereits als verfassungswidrig zurückgewiesen hat, doch so ein Verfassungsgerichtsurteil sehen die Grünen lediglich als eine *„hohe Hürde"* an, die sie nicht daran hindern kann, von ihrem Ansinnen abzulassen.

Nun irrt sich aber, wer glaubt, diese Quotenregelung solle nur das Verhältnis von Männern und Frauen entgegen dem Wählerwillen vorbestimmen.

Grüne sind überzeugt, dass unsere repräsentative Demokratie diverser werden muss, weil sie die Vielfalt der Herkunft und Lebenswege und die Perspektiven, die daraus entstehen, braucht.

Das Parlament, welches das Volk repräsentiert, soll aber doch eigentlich so aussehen, wie es von den Wählern zusammengestellt wird. Das ist das Fundament, auf dem unsere Demokratie errichtet ist. Wie kann ein Parlament sich selbst derart in Frage stellen, wie kann aus dem Parlament heraus die Forderung aufgestellt werden: Wir möchten diverser, bunter, exotischer werden als es die Wähler wollen?

Das ist Verhöhnung des Wählers, dem das Recht abgesprochen wird, sich von exakt jenen Männern und Frauen vertreten zu lassen, die er im Parlament als seine Vertretung sehen will.

Gäbe es die notwendigen Mehrheiten oder nur ausreichend große Interessengruppen im Volk der Wahlberechtigten, dann wäre das in jeder Hinsicht diversere Parlament doch auch so gewählt worden.

Das Parlament ist ein Spiegel des Volkeswillens, daraus einen ideologieverseuchten Zerrspiegel machen zu wollen, ist Demokratie-Frevel!

Vade retro, Satanas!

<u>Mit 16 wählen</u>

Diese Forderung – und damit outet sich der Verfasser dieses Buches als alter weißer Mann – verrät die Unreife derjenigen, die sie aufstellen. Nur weil viele politische Entscheidungen von heute entscheidend für die Zukunft junger Menschen sind (Hallo! Nicht für alle? Nur für Junge?), soll das schon ein ausreichender Beleg dafür sein, dass die Masse der 16-Jährigen diese langfristigen Entscheidungen überhaupt überschauen und beurteilen können? Kinder und Jugendstrafrecht muss sie davor bewahren, ihre Torheiten mit der vollen Härte des Gesetzes büßen zu müssen – aber wählen sollen sie dürfen?

Sicher: Ein paar Hunderttausend Greta-Klone könnten helfen, die Macht der Grünen auszuweiten, aber wissen die denn,

> die sie da unter FFF-Plakaten hüpfend die Schule schwänzen und das Land in Panik versetzen wollen, weil sie noch nicht in der Lage sind, in ihrer spätpubertären Emotionalität jenes kleine Stück Rationalität aufzubringen, dass sie erkennen lässt,

dass es nicht Verantwortungsethik ist, was sie antreibt, sondern Gesinnungsethik.

Lasst die Finger vom Wahlalter. Achtzehn Jahre sind im Grunde noch viel zu jung, die Herabsetzung des Wahlalters war aber seinerzeit unter den Bedingungen der Wehrpflicht ab 18 Jahren unvermeidlich.

Lasst die Jungen erst einmal einen Beruf erlernen, lasst sie das Leben der Erwachsenen kennenlernen, lasst sie Verantwortung übernehmen und daran wachsen, statt sie als ideologisches Kanonenfutter in den Machtkämpfen der Parteibonzen zu verheizen!

Bürgerräte für mehr Beteiligung

Spricht nichts dagegen. Es werden sich aber halt wieder nur diejenigen darinnen finden, die schon heute in den Parteien und in den NGOs und in den Bürgerinitiativen anzutreffen sind. Dieses Engagement in feste Rollen zu pressen, Bürgerräte sogar auf Initiative des Parlaments oder der Regierung ins Leben zu rufen, ihnen zeitliche und finanzielle Vorgaben zu machen – und die Ergebnisse, wenn sie nicht den vorher formulierten Absichten entsprechen, nach pflichtgemäßer Kenntnisnahme und Würdigung dennoch in den Papierkorb zu werfen, das macht solche „Räte" zu furchtbareren Institutionen als es die Eigentümerversammlung in einem zerstrittenen Mehrfamilienwohnhaus jemals sein kann.

Nicht vergessen: Die Grünen nutzen zur Disziplinierung ihrer Abgeordneten den Fraktionszwang ebenso wie die Altparteien. Da werden Bürgerräte nicht mehr Einfluss erlangen als der an die Parteilinie gefesselte Parlamentarier!

Öffentlich-rechtlicher Rundfunk für alle

Das ist einer der dringlichsten Wünsche von ungefähr einem halben Prozent der deutschen Wohnbevölkerung, aber von hundert Prozent derjenigen Parteien, die ihre Leute in den Rundfunkräten und Intendanzen untergebracht haben und weiter unterbringen können wollen, um jenen erheblichen Teil ihrer Macht, den sie aus der meinungsbildenden Macht des Staatsfunks beziehen, nicht einzubüßen.

Ergo fordern auch die Grünen: Erhöhung der zweckgebundenen Wohnungssteuer!

~~Meinungsfreiheit weiter einschränken~~

Hasskriminalität im Netz bekämpfen

Da singen sie mit glockenheller Stimme im Chor der Altparteien mit. Hass ist übrigens eine Emotion. Emotionen können nicht kriminell sein.

Erst wenn daraus Handlungen werden, wozu durchaus auch die Aufforderung zu Straftaten gehört, haben Staatsanwalt und Richter sich der Sache anzunehmen.

Glücklicherweise hat der SPD-Mann Maas das Netzwerkdurchsetzungsgesetz für die „Meinungsfreiheit" unter einer möglichen rot-rot-grünen Regierung schon installiert. Da brauchen die Grünen jetzt gar nicht noch mehr zu fordern als das, was als Instrumentarium sowieso schon zur Verfügung steht.

Freeware für alles und alle

Weil „richtige Software" Geld kostet, wird es im weltweit führenden Land der Digitalisierung, das bereits eine wegweisende Corona-Warn-App hervorgebracht hat, nach dem Willen der Grünen eine öffentliche Förderstiftung geben müssen, von der die Entwicklung frei zugänglicher, gesellschaftlich relevanter, offener Software gefördert wird.

Es soll, so hört man, ja auch schon Fördermittel für Kaninchenzüchtervereine geben, zum Beispiel für das Projekt Rassekaninchenzüchtung aus dem *Sonderprogramm zur Stärkung der Biologischen Vielfalt* des Landes Baden-Württemberg. Und nun raten Sie mal, wer in Baden-Württemberg an der Regierung ist?

Demokratiefördergesetz für eine starke Zivilgesellschaft

„Zivilgesellschaft", das sind alle, die sich dem Kampf gegen rechts verschworen haben. Die Grünen machen sich dafür stark, dass diese ihrer Arbeit gut abgesichert (also mit reichlich Fördermitteln aus dem Demokratiefördergesetz) und ohne Einschüchterung und Kriminalisierung nachgehen können.

Das ist ein sprachlich nur leicht getarntes, grünes Wahlversprechen für die Antifa: Straffreiheit und angemessene Bezahlung.

Das mögen Habeck und Baerbock zwar vielleicht noch bestreiten, obwohl Esken schon mit gutem Beispiel vorangegangen ist. Die Antifa wird die Botschaft jedenfalls richtig verstehen.

Nicht vergessen darf man dabei, dass die Hauptüberschrift dieses Kapitels im grünen Programm lautet:

Wir erneuern das demokratische Fundament!

8 – Die vielfältige Einwanderungsgesellschaft

Angeklungen ist die Thematik in etlichen Einzelpunkten bereits, doch ab Seite 98 des Wahlprogramm-Entwurfs wird endgültig das Gesamtbild von Deutschland als Einwanderungsgesellschaft gezeichnet.

Interessant ist, dass sich die Grünen hier zu einer echten Obergrenze durchgerungen haben, und die ist so definiert:

„Menschen,

- *die nach sorgfältiger Prüfung der asyl- und aufenthaltsrechtlichen (Möglichkeiten)*
- *sowie nach Ausschöpfung aller Rechtsschutzmöglichkeiten kein Asyl bekommen und*
- *in ihrem Herkunftsland nicht gefährdet sind, müssen zügig wieder ausreisen.*
- *Wir wollen dies durch schnelle und wirksame Unterstützung und Beratung erleichtern.*
- *Abschiebungen, zum Beispiel über Rückübernahmeabkommen, sind das letzte Mittel, wenn die Rückkehr verweigert wird,*
- *freiwillige Ausreisen haben immer Vorrang.*
- *Abschiebungen in Kriegs- und Krisenländer wollen wir beenden, den Abschiebestopp nach Syrien und Afghanistan wieder einsetzen.“*

Nach dieser Definition des grünen Bleiberechts ist es unabdingbar, dass jeder Zuwanderer vom ersten

Tag der Ankunft an von einer unabhängigen, nicht-staatliche Asylverfahrensberatung betreut wird, damit auch sichergestellt ist, dass niemand versäumt, auch nur eine der vielfältigen Möglichkeiten zur Abwehr eines negativen Asylbescheids zu nutzen.

Ist der Bewerber erst mal durch die Maschen geschlüpft und hat einen Asyl- oder Duldungsstatus, droht ihm bisher immer noch die Prüfung, ob die Gründe für Asyl oder Duldung noch fortbestehen.

Diese
(Achtung, wunderschönes Framing!)

- flächendeckenden und
- anlasslosen Widerrufsprüfungen

durch das Bundesamt für Migration und Flüchtlinge werden abgeschafft, um

- das Asylprozessrecht zu optimieren.

Nun wird also das Recht der Aufnahmegesellschaft selbst zu bestimmen, wer einreisen und wer bleiben darf, vollends erledigt, um das Asylprozessrecht zu optimieren.

Es sieht nicht so aus, als werde diese Optimierung im Sinne des deutschen Steuerzahlers angestrebt.

Für Zuwanderer allerdings ist die Regelung schon ziemlich optimal

9 – Internationales

Die Grünen trennen fein säuberlich zwischen einem „Europa", das für Sie nur die EU umfasst, und dem Rest der Welt. Europa, also die EU, fällt für sie unter die Überschrift „Zusammen leben", der Rest der Welt findet sich unter „International zusammenarbeiten".

Es fällt nicht schwer, hieraus den Schluss zu ziehen, dass die Mehrheit der Grünen Deutschland bereits als eine Region der Vereinigten Staaten von Europa betrachtet und Deutschland folglich aus „europäischer Warte" verplant, verwaltet und verwertet.

In diesem Buch werden dessen ungeachtet auch die Mitgliedsstaaten der EU und das Verhältnis Deutschlands zu diesen und zur EU unter der Rubrik Internationale Beziehungen behandelt.

Wir beschließen etwas,
stellen das dann in den Raum und
warten einige Zeit ab, was passiert.
Wenn es dann kein großes Geschrei gibt
und keine Aufstände, weil die meisten
gar nicht begreifen, was da beschlossen wurde,
dann machen wir weiter - Schritt für Schritt,
bis es kein Zurück mehr gibt."

Jean Claude Juncker

Beziehungen zur EU

Die Zukunft der EU gestalten

Da gibt es eine „Konferenz zur Zukunft der EU", die von der EU-Kommission initiiert wurde und – unter Bürgerbeteiligung – Reformen der EU entwickeln soll. Die Grünen wollen dieses Vehikel nutzen, die nächste Phase auf dem Weg zur „Föderalen Europäischen Republik" in Gang zu setzen, und – die Ergebnisse dann im Rahmen der EU-Gesetzgebung bis hin zu Vertragsveränderungen umsetzen. Das klingt wieder ganz harmlos, doch muss bedacht werden, dass Vertragsveränderungen auf dem Weg zur Föderalen Union ohne weiteren Souveränitätsverlust nicht zuhaben sind.

EU-Parlament stärken

Es ist also auch den Grünen inzwischen aufgefallen, dass die ganze aufgeplusterte Wichtigtuerei der

Damen und Herren, die sich im so genannten EU-Parlament versammeln, nicht mehr ist, als das übergroße Feigenblatt des EU-nuchen mit dem eine Potenz vorgetäuscht werden soll, die selbst mit Wagenladungen von blauen Pillen nicht wieder aufgerichtet könnte, weil es sie nie gegeben hat.

Doch auch die jetzt erhobenen Forderungen sind noch bescheiden. Es wird Gleichberechtigung mit der Kommission angestrebt, ein vollwertiges Initiativrecht, was ja immer noch fehlt, und ein starkes Haushaltsrecht.

Nein, sie wollen das Parlament nicht wirklich zur Legislative der EU machen, nur ein bisschen näher dran, an die Schaltstellen der Macht.

Wer sich allerdings vergegenwärtigt, wie nach dem Wahlkampf zum letzten EU-Parlament die Spitzenkandidaten für die Kommissionspräsidentschaft aufgestellt wurden, und wie dann wie der Teufel aus der Kiste plötzlich Ursula von der Leyen an der Spitze der Kommission stand, wird sich nicht vorstellen können, dass Rat und Kommission das Parlament in absehbarer Zeit wirklich ernst nehmen werden. Es ist und bleibt eine Quasselbude ohne wirklichen Einfluss in den wirklich wichtigen Angelegenheiten.

EU-Vereins- und Gemeinnützigkeitsrecht

Auch das ist ein Eingriff in die Souveränität der Mitgliedsstaaten. Warum sonst müssten die Grünen betonen, dass sie europäische Vereine vor nationaler Willkür schützen wollen? Es geht ihnen vermutlich um die Soros-Aktivitäten in Ungarn und ähnliche, staatsfeindliche NGOs, die noch herangezogen werden könnten, um die Auflösung von Restbeständen nationaler Identitäten zu Gunsten der zentralistischen, neoliberalkommunistischen Ideologie zu beschleunigen.

Mehrheitsentscheidungen statt Einstimmigkeit

„Blockaden durch einzelne Staaten in Bereichen wie der Außen- und Sicherheitspolitik und in Steuerfragen oder auch bei Energie und Sozialem können wir uns nicht länger leisten", schreiben die Grünen dreist in ihr Programm und meinen mit „Wir" dann wirklich nur sich selbst.

Die EU ist kein Staat. Die EU hat keine Regierung. Der Beitritt zur EU stand unter dem Versprechen, dass weder die kleinen Mitgliedsstaaten dem Willen der großen unterworfen werden können noch, dass ein großer Mitgliedsstaat von einer Mehrheit mittelgroßer und kleiner Mitgliedsstaaten per Mehrheitsentscheid über den Tisch gezogen werden kann.

Die reale Entwicklung der EU, die Mühe hat, überhaupt noch zusammen zu halten, wird eine derartige Veränderung nicht möglich machen, bevor die Vereinigten Staaten von EU tatsächlich gegründet sind.

Europäische Grundrechte einklagbar machen

Auch das ist ein Vorstoß, um nationale Souveränität zu untergraben. Auch dies im Augenblick klar erkennbar gegen Ungarn gerichtet, mit dem Ziel, Verstöße „autoritärer" Mitgliedsstaaten sanktionieren zu können.

Europa der Kommunen und Regionen

Liest man diesen Absatz mit nur einem Hauch von Skepsis, dann erscheint der zentralistische Moloch EU als einziger verbleibender Partner so genannter „Regionen" und Kommunen. Die Staaten sind bereits vom Radar verschwunden. Das ist das Prinzip „Divide et impera" in Reinkultur, versteckt hinter positiv formulierten Regularien, wie zum Beispiel: „ ...dass die Wettbewerbsregeln des Binnenmarktes die Kommunen nicht zur Privatisierung öffentlicher Güter zwingen dürfen.

Der Satz erschließt sich erst, wenn man ihn dreimal gelesen und sich fragt, was das für jene Belange bedeuten mag, die nicht angesprochen wurden, bzw. vorsorglich weggelassen worden sind.

Beziehungen zum Nicht-EU-Ausland

Schubkraft für globale Transformation

Wer hier erst einmal „GREAT RESET" liest, liegt nicht weit daneben. Außenpolitik soll eine von deutschen Grünen maßgeblich angetriebene „Klima-Außenpolitik" werden, in welche eine grüne Gleichstellungs-, Gender-, Migrations- und Feminismus-Politik eingebunden werden soll.

Vereinte Nationen reformieren

Man kann über die Vereinten Nationen denken, was man will. Man kann das politische Wirken der UNO für wichtig, nützlich, sinnvoll und unverzichtbar ansehen, man kann es aber auch für unnütz, sinnlos und in weiten Teilen verrückt und realitätsfremd betrachten. Es gibt starke Indizien für beide Urteile.

Das einzige, allgemein als überaus wichtig angesehene Element der UNO, ist der UN-Sicherheitsrat. Und das, was die UN bis heute überhaupt zusammengehalten und viele unnötige Eskalationen in den zwischenstaatlichen Beziehungen, bis hin zu heißen Kriegen verhindert hat, ist das Veto-Recht der Großmächte im Sicherheitsrat.

Fällt dieses Veto-Recht, zerfällt zwangsläufig die UNO. Das Veto-Recht im Sicherheitsrat entspricht dem Einstimmigkeitsprinzip der EU. Und so, wie die Grünen dieses Einstimmigkeitsprinzip zu Fall bringen wollen, wollen sie auch das Veto-Recht im Sicherheitsrat abschaffen.

Dieser Trend öffnet natürlich der von Klaus Schwab mit dem WEF – allen voran – angestrebten Weltregierung, die unter der Führung der Kapital-Eliten dieser Welt installiert werden soll, Tür und Tor.

Internationale Frauenquote

Ein geflügeltes Wort, das unter dem Begriff „Hanlon's Razor" bekannt ist, besagt;

„Geh nicht von Böswilligkeit aus, wenn Dummheit als Erklärung genügt"

Vermutlich um Böswilligkeit sehr viel öfter ausschließen zu können, fordern die Grünen:

50 Prozent Frauen
in internationalen Verhandlungen.

Die multipolare Welt

Die EU soll sich auf den Westbalkan ausdehnen und Albanien und Nordmazedonien die Mitgliedschaft ermöglichen. Ganz im Sinne von USA und NATO sollen auch Armenien, Georgien, die Ukraine und Belarus näher an die EU angebunden werden und ihnen möglichst auch der Weg zum EU-Beitritt geebnet werden.

<u>USA</u>

Festigung der transatlantischen Beziehung steht oben an, ein gemeinsamer Impuls für die weltweite Klimapolitik soll ausgelöst werden. Über den Umgang mit autoritären Staaten wie China und Russland will man sich mit dem großen Bruder abstimmen, aber zugleich mehr sicherheitspolitische Verantwortung, insbesondere für die baltischen Staaten und Polen übernehmen.

Bedeutet: Aufrüstung an der Westgrenze Russlands weitertreiben.

<u>China</u>

Die Aussagen im Entwurf des grünen Wahlprogramms kann man pointiert so zusammenfassen:

China ist ganz schlimm. Aber genauso schlimm ist es, dass wir wirtschaftlich sowohl von Exporten nach, als auch von Importen aus China total abhängig sind. Also reden wir für die Wähler zu Hause von Menschenrechten und vom Lieferkettengesetz, und fragen ansonsten bei Kamala Harris nach, welches Verhalten gegenüber China gerade angesagt ist.

<u>Russland</u>

Da, meinen die Grünen, geht noch was. Zugespitzt:

Wenn man nur die Demokratiebewegung des Nazis Nawalny kräftig unterstützt und laut genug herumschreit, Russland untergrabe immer offensiver Demokratie und Stabilität der EU, dabei an der Erzählung von der Annexion der Krim festhält und auf Basis dieser Erzählung Sanktionen verschärft, dann muss es doch zu schaffen sein, Putin endlich doch noch zu gaddafifizieren und Oligarchen wie Chodorkowski wieder den Zugriff auf die gewaltigen Bodenschätze Russlands zu verschaffen. Bis dahin aber darf North-Stream-2 keinesfalls zu Ende gebaut werden.

<u>Türkei</u>

Von der Mitwirkung an diesem Kapitel des Wahlprogramms der Grünen war Claudia Roth offensichtlich ausgeschlossen.

Die deutschen Grünen stehen fest an der Seite der türkischen Oppositionellen, verurteilen Menschenrechts- und Rechtsstaatverletzungen, fordern die Freilassung aller politischen Gefangenen und einen politischen Dialog in der Kurdenfrage. Sie verurteilen die aggressive Außenpolitik Erdogans und wollen dies auch in der NATO thematisieren. EU-Beitrittsverhandlungen nur, wenn der Türke wieder zu Demokratie und Rechtsstaatlichkeit zurückgekehrt ist.

Aber: Das EU-Türkei-Flüchtlingsabkommen taugt nichts, denn es untergräbt das, was sich die Grünen unter einem internationalen Asylrecht vorstellen. Es muss daher eine verbindliche Kontingentzusage zur

Umsiedlung der rund 3 Millionen, überwiegend syrischen Flüchtlinge in der Türke vereinbart werden.

Israel und Palästina

Zwei-Staaten-Lösung, was sonst.

Nachbarschaft und Partnerschaft mit Afrika

Daraus kann wieder nur wörtlich zitiert werden:

„Die Zukunft liegt in einer Afrikapolitik, die sich von kolonialen und patriarchalen Denkmustern freimacht und gleichzeitig die europäische Verantwortung gegenüber dem Kontinent ernst nimmt. Die Fortsetzung einer einseitigen Politik, die in weiten Teilen auf Fluchtabwehr, unfairen Handelsbeziehungen und der Ausbeutung von Rohstoffen fußt, lehnen wir ab.

Anstatt für sich ewig konterkarierende Ansätze machen wir uns für eine gemeinsame und kohärente EU-Afrika-Strategie stark, die Zukunftsthemen wie Klimaschutz und Digitalisierung ebenso ins Zentrum rückt wie die globale sozial-ökologische Transformation und zivile Krisenprävention.

Der Afrikanischen Union stehen wir bei der Umsetzung ihrer Agenda 2063 und der regionalen Entwicklungsagenden nach Kräften zur Seite.“

10 – Der ganze restliche Sums

Es gibt Vorstellungen für das gesellschaftliche Zusammenleben, die gemeinhin als „linksgrüne Ideologie" bezeichnet werden.

Vieles davon ist so irrational und realitätsverweigernd, dass es gar nicht mehr möglich ist, mit biologischen Fakten, Rechtsgrundsätzen, Logik oder einfach nur mit dem Appell an den gesunden Menschenverstand die Mauer der Verblendung zu durchbrechen.

Der „ganze Sums" beginnt mit der Ansage:

„Wir rücken Feminismus, Queerpolitik und Geschlechtergerechtigkeit in den Fokus."

Stichworte dazu lauten:

- Gender-Check für alle Gesetze
- Bundesstiftung Gleichstellung
- Unverzichtbarer Beitrag der Gender-Studies
- Gleichberechtigungsstrategie für alle Lebenslagen
- Es wird Zeit für eine feministische Regierung
- Verbrechen aus Frauenhass in die Kriminalstatistik
- Polizei und Justiz umfassend schulen für den Umgang mit Opfern sexualisierter Gewalt
- Monitoringstellen zur Überprüfung der Maßnahmen
- Rechtsanspruch auf Frauenhaus

- Intersektionale Schutzkonzepte und Zufluchts-
  räume für queere, trans- und intergeschlechtliche Menschen entwickeln und bereitstellen
- Strengere Kontrolle von Prostitutionsstätten
- Aussagebereite Opfer von Menschenhandel erhalten dauerhaftes Bleiberecht
- Gesichertere Zugang zum Schwangerschaftsab-
  bruch für Mädchen und Frauen
- Wer abtreiben lässt oder die Abtreibung vor-
  nimmt, muss durch „Schutzzonen" vor Anfein-
  dungen und Gehsteigbelästigungen geschützt
  werden
- Zum Schutz von Lesben Schwulen, Bisexuellen,
  Trans*-, Inter*- und queeren Menschen wird
  der Begriff „sexuelle Identität" in Art 3,3 GG
  aufgenommen.
- Bundesweiter Aktionsplan „Vielfalt leben!"
- Langfristige Strukturförderung der LSBTIQ*-
  Verbände
- Aufklärungskampagne für junge Menschen
  über die Vielfalt sexueller Orientierungen

**Der „ganze Sums" setzt sich dann fort mit der
Ansage:**

„Wir stärken Sicherheit und Bürgerrechte"

Stichworte dazu:

- Polizei in Stadt und Land, analog und digital
  stärken
- Sichere, leistungsfähige und mobile Daten-
  verarbeitung für die Polizei
- Bürger müssen der Polizei vertrauen

- Kennzeichnungspflichten für Polizisten
- Verpflichtende Fortbildungsmaßnahmen besonders in Bezug auf Antidiskriminierung und Racial Profiling
- Wissenschaftliche Studien zu Rechtsextremismus und Rassismus in der Polizei
- Europäisches Kriminalamt schaffen
- Verfassungsschutz braucht personellen Neuanfang und strukturellen Neustart
- Unabhängiges Institut zum Schutz der Verfassung gründen
- Die Bekämpfung der 32.000 Rechtsextremisten in Deutschland muss Priorität für alle Sicherheitsorgane haben
- Demokratiefördergesetz für die Zivilgesellschaft
- Analog zur Stasi-Unterlagenbehörde ein NSU-Archiv einrichten
- Terrorismus gewaltbereiter Rechtsextremisten und Islamisten bedroht die innere Sicherheit: Prävention und Vernetzung der Sicherheitsdienste
- Gefährder engmaschig überwachen
- Privaten Waffenbesitz tödlicher Schusswaffen weitestgehend beenden
- Hinweisgeberschutzgesetz für Whistle-Blower erlasen
- Polizei soll technische Geräte mit Gesetz zur Quellen TKÜ zielgerichtet infiltrieren dürfen

Noch ist der „ganze Sums" nicht abgehakt. Die Grünen erklären:

„Wir garantieren den Rechtsstaat und stärken den Verbraucherschutz"

Stichworte dazu:

- Ein eigenständiges Gesetz gegen Wirtschaftskriminalität schaffen
- Strafbares Organisationsverschulden einführen
- Sanktionskataloge erweitern
- Rechtsschutz für jeden per Sammelklage
- Zugangsschranken senken, Verfahrensvereinfachung
- Kinderschutz vor Gericht verbessern
- Opferrechte von Kindern stärken
- Ein-Klick-Kündigung für Online-Verträge
- Nur noch kurze Mindestlaufzeiten
- Recht auf Reparatur
- Verbindliche Designvorgaben für elektronische Geräte
- Vier Jahre gesetzliche Garantie
- Pflicht zur Angabe der geplanten Lebensdauer durch die Hersteller
- Berufsbild „Finanzberater" schaffen und alle Berater und Vermittler von der BaFin kontrollieren lassen
- Verbot „überhöhter" Dispo-Zinsen und Gebühren für das Basiskonto
- Krisenfeste Strukturen für die Kultur schaffen

- Fonds zum Schutz von Kultureinrichtungen schaffen
- Öffentliche Kulturförderung geschlechtergerecht gestalten
- Künstlersozialkasse finanziell stärken
- Angemessene Vergütung für Urheber
- „Dritte Orte" als Kulturknotenpunkte im ländlichen Raum
- Geschlechtergerechtigkeit im Kulturbetrieb durch Quotenregelungen
- Kulturbetrieb durch „Green Culture Fonds" ökologischer machen
- Deutsche Verbrechensgeschichte mit Erinnerungskultur weiter aufarbeiten
- Forschung zur DDR-Diktatur fördern
- Antirassistische Perspektive auf das koloniale Erbe eröffnen
- Entwicklungsplan Sport ausarbeiten
- Jedes Kind soll Schwimmen lernen
- Spitzensport fördern, um Vorbilder für den Breitensport zu schaffen
- Kampf gegen Rechtsextremismus und andere Formen gruppenbezogener Menschenfeindlichkeit im Sport mit einem finanzstarken Bundesprogramm

Das war nun der ganze restliche Sums, zusammengekürzt auf rund 500 Wörter, was im grünen Wahlprogramm noch viel ermüdendere 3.800 Wörter in Anspruch nimmt.

10 – Die Rechnung, bitte!

Auch wenn im Text nicht alle Absichten und Vorhaben der Grünen Erwähnung gefunden haben, ist es ein lohnendes, weil erschreckendes Unterfangen, sich einen Überblick darüber zu verschaffen, was als zusätzliche Ausgabenposition in die nächsten Bundeshalte aufgenommen werden müsste, sollten die Grünen ihre Vorstellungen durchsetzen können.

Zu den wenigsten Punkten haben die Grünen selbst Informationen über die erwarteten Kosten geliefert. Die angesetzten Beträge sind daher nach bestem Gewissen geschätzt. Im Netz verfügbare Informationen, zum Beispiel zu den Kosten für die Errichtung einer 5 MW Windanlage oder einer Wärmepumpe wurden bei den Schätzungen berücksichtigt. Personalkosten, wie sie zum Beispiel bei der Einrichtung neuer öffentlicher Organisationen, Beratungsstellen, etc. anfallen, wurden mit 50.000 Euro für die Vollzeitstelle p.a. angesetzt.

Die Addition aller hier erfassten Maßnahmen gibt einen Überblick über das Volumen der insgesamt ausgelösten Geldströme. Wer in welchem Einzelfall dafür primär aufkommen muss, ob der Staat, ob die Sozialsysteme, ob die Wirtschaft oder der Konsument, ist durchaus unterschiedlich.

In der Summe, die im ersten Jahr schon eine Billion Euro übersteigt und im Zehn-Jahreszeitraum auf rund 5,3 Billionen anschwillt, handelt es sich jedoch um Kostenbelastungen der Volkswirtschaft, die, abgesehen vom Wohnungsbau (250 Mrd. Euro) keine produktive **Mehr**-Leistung gegenüber dem Status quo hervorbringen.

Dies führt unausweichlich zu starken, inflationären Entwicklungen, die in diesem Fall **nicht** von steigenden Löhnen getrieben werden, sondern von höheren Preisen, insbesondere für Energie, und von einer steil anwachsenden Staatsquote, die von dem Füllhorn von Subventionen, den vielen zusätzlichen Aufgaben und Funktionen neuer staatlicher Stellen und dem damit anwachsenden Personalkosten angetrieben werden.

Sollten die Löhne dem nicht folgen können, was aufgrund der Exportabhängigkeit der deutschen Wirtschaft zu befürchten ist, wird das Wahlprogramm der Grünen sich als ein radikales Verarmungsprogramm für die deutsche Bevölkerung herausstellen.

Die hier eingefügte Tabelle ist nach aufsteigenden Beträgen sortiert. Die Angabe der Seitennummer und die aufgenommenen Stichworte, lassen jedoch leicht zu den jeweiligen Kapiteln zurückfinden.

Entwurf des Wahlprogramms der Grünen zur Bundestagswahl 2021	Alle Schätzwerte in Millionen Euro		
Thema - Aufgabe	einmalig bzw. jährlich	insgesamt max. 10 Jahre	Seite
Windernergieausbau (Investitionen ohne Kosten Netzausbau) für 1 Million zusätzliche Windräder	300.000	3.000.000	92
CO2-Bepreisung	40.000	600.000	74
Steuer-Erhöhungen (sog. Subventionsabbau) Dieselkraftstoff Dienstwagenprivileg	50.000	500.000	36
Ausbau der Bahn zum Haupt-Mobilitätsträger, Ausbau des Streckennetzes, Reanimierung stillgelegter Strecken und Bahnhöfe (ohne Betriebskosten)	500.000	500.000	105
Neubau 1 Mio Mietwohnungen in Großstädten	25.000	250.000	52
Garantiesicherung statt Hartz IV	10.000	100.000	46
Wasserstofftechnologie Investitionen	50.000	100.000	93

Entwurf des Wahlprogramms der Grünen zur Bundestagswahl 2021	Alle Schätzwerte in Millionen Euro		
Thema - Aufgabe	einmalig bzw. jährlich	insgesamt max. 10 Jahre	Seite
Einmalige Ablösung der Staatsleistungen an die Kirchen	60.000	60.000	116
Mindestlohn 12 Euro, Leiharbeiter besser stellen, Werkverträge begrenzen, Austrocknung des Niedriglohnsektors	5.000	50.000	40
Bundesinstitut für Gesundheit neu einrichten	4.000	40.000	49
Netzausbau - Nord-Süd-Trassen	2.000	20.000	100
Gender-Budgeting	1.000	10.000	38
Öffentlichen Dienst stärken - mehr Personal, gute Bezahlung, flexible Laufbahen	1.000	10.000	112
Klimasanierung Gebäude Kosten für Eigentümer (und letztlich Mieter) incl. Einbau von 2 Millionen Wärmepumpen	750	7.500	102

Entwurf des Wahlprogramms der Grünen zur Bundestagswahl 2021	Alle Schätzwerte in Millionen Euro		
Thema - Aufgabe	einmalig bzw. jährlich	insgesamt max. 10 Jahre	Seite
Rechtsanspruch auf Ganztagsplatz für jedes Grundschulkind bei 10% Inanspruchnahme	700	7.000	59
Finanztransaktionssteuer mit breiter Bemessungsgrundlage -geschätzt	500	5.000	19
Mitbestimmung, Recht auf Home-Office	500	5.000	43
Mietausfall-Erstattung durch KfW an notleidende Vermieter	400	4.000	51
Der "ganze übrige Sums"	400	4.000	138
Gemeinschaftsaufgabe "Regionale Daseinsvorsorge" Mindeststandards für Gesundheit, Mobilität, Breitband, Kultur	350	3.500	56
Gemeinsamen Kompetenzagentur für Förderpolitik und Investitionen Bürokratiekosten	30	3.000	57

Entwurf des Wahlprogramms der Grünen zur Bundestagswahl 2021	Alle Schätzwerte in Millionen Euro		
Thema - Aufgabe	einmalig bzw. jährlich	insgesamt max. 10 Jahre	Seite
EU Plastik und Digitalsteuer, Belastung deutscher Unternehmen	250	2.500	33
Förderung der Zuwanderung und der Zugewanderten	200	2.000	126
Sonderfonds Hitzeaktionspläne in der Krankenversicherung	1.000	1.000	48
Lückenloses Fahrradnetz in ganz Deutschland	100	1.000	106
Digitale Ämter - Bürgernähe	100	1.000	109
Stall-Umbau-Förderung und Tierschutz-Cent	50	500	25
Barriere-Freiheitsgesetz - Kosten für Umsetzung	50	500	115
Sozialversicherungspflicht Mini-Jobs	40	400	29

Entwurf des Wahlprogramms der Grünen zur Bundestagswahl 2021	Alle Schätzwerte in Millionen Euro		
Thema - Aufgabe	einmalig bzw. jährlich	insgesamt max. 10 Jahre	Seite
Mehr Personal und Budget für die Antidiskriminierungstelle des Bundes, flächendeckendes Netz von Beratungsstellen installieren und betreiben	40	400	113
Bundesanstalt für Immobilienaufgaben schaffen Bürokratiekosten	30	300	54
Altgrüner Natur- und Umweltschutz	25	250	107
Nachhaltigkeitsbewertung für Finanzprodukte als Basis von Beratung und Kontrolle - Mehraufwand Wirtschaft geschätzt	10	100	17
Gendersensible Berusberatung Bürokratiekosten	10	100	29
Forschungsdatenzentrum bei DeStatis einrichten und betreiben	10	100	111

Entwurf des Wahlprogramms der Grünen zur Bundestagswahl 2021	Alle Schätzwerte in Millionen Euro		
Thema - Aufgabe	einmalig bzw. jährlich	insgesamt max. 10 Jahre	Seite
Entgeltgleichheitsgesetz Bürokratiekosten	10	50	28
Öffentliche Förderstiftung zur Entwicklung frei zugänglicher, gesellschaftlich relevanter Software (nur Fördermittelvergabe berücksichtigt)	5	50	123
Rechtsanspruch auf spezielle LSBTIQ-Medizin-Leistungen	1	15	50
Alles in Allem	1.053.561	5.289.265	
	im ersten Jahr	im Laufe von 10 Jahren	

https://www.bod.de/buchshop/wo-bleibt-die-revo-
lution-egon-w-kreutzer-9783751934213

162